# Козерог

# Гороскоп

# 2024

## Анжелина Руби

## Алина А. Руби

*Издается самостоятельно*

*Все права защищены © 2024.*

*Астролог: Алина А. Руби*

*Редактирование: Алина. Руби и Анжелина А. Руби*

*rubiediciones29@gmail.com*

# *Кто такой Козерог?*

*Даты проведения: 22 декабря — 20 января*

*День: Суббота*

*Цвет: черный, терракотовый*

*Элемент: земля*

*Совместимость: Телец, Дева, Рыбы и Рак*

*Символ:* ♑

*Модальность: Кардинал*

*Полярность: Женское начало*

*Правящая планета: Сатурн*

*Дом: 10*

*Металл: Свинец*

*Кварц: Агат, черный турмалин, флюорит, гранат*

*Созвездие: Козерог*

# *Личность Козерога*

*Козерог - один из самых стабильных, надежных и спокойных знаков Зодиака. Они трудолюбивы, ответственны, практичны и готовы упорствовать столько, сколько необходимо для достижения цели.*

*Они надежны, и им часто выпадает роль завершать проект, начатый одним из более новаторских знаков. Они не относятся к самым счастливым знакам Зодиака. Скорее, они склонны к пессимизму.*

*Если Козерог страдает от депрессии, ему следует обратиться за помощью. На самом деле, Козерог должен всегда стараться поддерживать эмоциональную стабильность с помощью медитации, дыхания или занятий, которые помогают ему расслабиться и не терять контроль над своими эмоциями.*

*Они упрямы и способны поставить семью или работу выше собственных желаний и потребностей.*

*Они прекрасные организаторы, обычно имеют какие-то экономические амбиции и, учитывая их способность добиваться цели, часто реализуют ее. скрытен во всем, что делает.*

*Он предпочитает качество количеству и, по правде говоря, умудряется счастливо жить, имея совсем немного.*

*Он без проблем берет на себя обязательства, как в личной, так и в профессиональной жизни, но плохо уживается с неудачами. Однако, когда он видит, что для того, чтобы остаться на вершине, необходимо принять радикальное решение, он не боится рисковать и принимать объективные и конкретные меры.*

*Он серьезно относится к своей работе и умеет ценить себя. Отличный переговорщик, он не продает свои навыки просто так.*

*Предан проектам, в которых участвует, стремится к достижениям и обладает интеллектуальными способностями для отличной работы. И он заставляет себя за это платить.*

*Козероги подходят к отношениям со всей серьезностью и искренностью. Как правило, это надежные, преданные и целеустремленные люди.*

*В любви Козерог осторожен, он боится того, кто приближается, но жаждет человека верного и постоянного, потому что не хочет потерять завоеванное.*

### *Общий гороскоп Козерога*

Плутон почти покончил с вами, Козероги, поскольку 2024 год - последний год его пребывания в вашем знаке. Плутон находится в вашем знаке уже почти десять лет, и за это время вы взяли свою жизнь под контроль.

В этом году Вы будете продолжать проявлять самоконтроль, у Вас будет много энергии для начала новых проектов, и перед Вами откроется множество возможностей.

Это хороший год для повышения уверенности в себе.

В периоды ретроградного Меркурия вы будете чувствовать себя неуверенно и думать, что вам не хватает ресурсов. Это может вызвать у Вас множество опасений.

В период полнолуния в Вашем знаке неуверенность в себе и старые проблемы будут подрывать Вашу уверенность и способность к творчеству. Сосредоточьтесь и работайте над улучшением ситуации как можно лучше.

Год заканчивается с новой Луной в Вашем знаке, поэтому Вы завершаете год с большей энергией для достижения своих целей в 2025 году. Вы с большим энтузиазмом будете стремиться к новым возможностям.

Из всех знаков Зодиака ваш знак будет наиболее подвержен влиянию лунных событий в 2024 году, это отличный год для вас, который может подарить вам важные завершения и многообещающие начала.

2024 год будет годом благословений для Козерогов, так как перед вами откроется много возможностей, но также и вызовов в любовной жизни. Некоторые проблемы возникнут в личной жизни, связанные с партнером. В середине года одиноким людям будут поступать предложения о браке.

Хорошее общение и доверие помогут вам построить более здоровые отношения. Любовь и радость будут присутствовать в ваших отношениях. Иногда могут возникать препятствия со стороны родных и близких, поэтому держитесь стойко.

*Необходимо стараться находить баланс между профессиональной и личной жизнью.*

*Финансы выглядят неплохо, однако необходимо немного сэкономить. Ваши руки будут заняты профессиональными обязанностями, которые истощат вас физически и психически. Вы будете морально истощены и подвержены стрессу. Вам следует избавиться от врожденной жесткости и стать более чувствительным человеком; это изменение может дать Вам возможность пережить важные события. Вам не нужно доказывать миру свою правоту — это покажет ваше отношение к нему. Ваши таланты приведут Вас к успеху. Делайте маленькие шаги, и, если удача будет на Вашей стороне, этот год будет удачным в финансовом плане.*

*Вас ждут хорошие отношения с родными и близкими. Доверяйте своим близким и делитесь с ними.*

*Некоторые проблемы со здоровьем могут нарушить ваше настроение, так как в некоторых случаях вы будете чувствовать себя измотанным. Из-за напряженного режима работы могут возникать боли в суставах и нервные срывы. Рекомендуется следить за симптомами и обращаться за медицинской помощью до того, как проблемы усугубятся. Здоровое тело и разум должны быть целью вашей жизни. Старайтесь вести здоровый образ жизни и придерживаться здорового питания наряду с изменением образа жизни. Исключите стресс из своей жизни.*

## *Любовь*

*Вопросы общения являются наиболее важными в этом году. Вам предстоят серьезные, непростые разговоры с партнером. Постарайтесь проявить понимание и сострадание.*

*В периоды ретроградного Меркурия вы будете переживать некоторые драмы и недоразумения. Будьте очень терпеливы, важно сохранять спокойствие.*

*Проблемы доверия могут разрушить ваши отношения, если вы состоите в паре, а подозрения могут привести к разрыву. Необходимо набраться терпения и не опускать руки.*

*В жизни одиноких людей секс будет занимать центральное место. При этом они должны стараться установить с партнером связь и на эмоциональном уровне.*

*Весь год Уран будет находиться в вашей сфере любви, что принесет непредвиденные изменения в ваши отношения, если вы одиноки, то у вас будет много поклонников.*

*В периоды полнолуния вы будете более серьезно относиться к любви и сблизитесь с теми, с кем у вас крепкие связи.*

*В периоды новолуния вы можете оформить новые обязательства или начать новые отношения.*

## *Экономика*

*Козероги, в этом году у Вас есть множество возможностей проявить свой талант на работе. Вы будете обладать даром легко находить решения препятствий.*

*Ассертивное общение с коллегами и руководителями выведет вас на путь к успеху. Поэтому необходимо совершенствовать свои коммуникативные навыки.  Если Ваши финансовые цели велики, тем больше рисков Вам придется принять на себя в этом году. Азарт во всем - единственный путь к успеху.*

*В 2024 году Плутон пройдет транзитом через Вашу денежную зону, разрушая шаблоны поведения и заставляя Вас начинать все с нуля, если Вы чувствуете себя неуверенно, нестабильно, не имеете чувства собственного достоинства и не знаете, что Вам дорого. Это означает, что деньги или материальные ресурсы могут быть отняты у Вас, чтобы заставить Вас учиться.*

*Если вы уверенный, стабильный человек, этот год может стать годом расширения возможностей, который принесет вам больше контроля, и вы сможете создать больше процветания в своей жизни.*

*В периоды Новолуния следует сосредоточиться на поиске финансовых возможностей, не забывая грамотно использовать свои ресурсы.*

*В периоды полнолуния можно работать над упорядочиванием своих финансовых планов и принятием решений, а также устранять денежные блокировки.*

*В этом году вы можете развивать способы зарабатывания денег, чтобы зарабатывать больше, и быть гораздо более изобретательными с тем, что у вас уже есть. Вы можете создать больше изобилия и возможностей для большего экономического успеха.*

*Юпитер принесет в вашу жизнь новые возможности для работы, вы получите предложения о работе или начнете новые рабочие проекты. Если Вам не нравится то, чем Вы занимаетесь, то это может быть годом поиска другой работы или профессии.*

*25 марта в Вашей профессиональной сфере происходит Лунное затмение. Это время, когда Вы можете совершить что-то важное и получить признание, если Вы все сделали правильно и по правильным причинам. Если же нет, то это может быть время неудач и задержек, и Вам придется пересмотреть свои планы.*

*2 октября солнечное затмение в вашей профессиональной сфере напомнит вам о том, что пришло время брать на себя новые обязанности. Это затмение также принесет вам новые возможности.*

## *Здоровье Козерога*

*2024 год не может похвастаться большим количеством сложностей. Неправильно распределенный уровень стресса — вот что может принести вам такие неприятные ощущения, как депрессия и бессонница.*

*Основным разрушительным фактором является питание. Вы должны беречь свои защитные силы, стараться постоянно заниматься спортом и следить за своим питанием. Ограничьте количество острой пищи и пейте больше воды.*

*Необходимо проходить плановые медицинские осмотры, посещать стоматолога и контролировать уровень холестерина.*

*Им необходимо проработать свои эмоциональные проблемы. Хорошим вариантом является проработка сложных вопросов с психологом или психотерапевтом.*

*В конце года Вы будете зациклены на своей внешности и захотите изменить свой имидж. Постарайтесь не тревожиться по пустякам, так как страдает именно сердце.*

*Позаботьтесь о своих костях и коже, не забывайте, что спина немного хрупкая, и нужно укреплять мышцы.*

## *Семья*

Это благоприятный год для существенных изменений в доме, ремонта, перепланировки, переоборудования или возвращения в место, где вы жили раньше.

Это год, когда нужно выложить карты на стол и разграничить границы в отношениях с семьей, что не означает, что нужно вступать в конфликты, а наоборот, другие должны понимать ваши приоритеты.

2024 год станет годом укрепления связей на семейном уровне.

В периоды ретроградного Меркурия на поверхность выйдут существующие проблемы в доме и семье. В семье будут возникать мелкие конфликты, Вы будете чувствовать себя не очень уютно дома. Семья станет более требовательной к Вам, и это может эмоционально утомить Вас.

Солнечные затмения помогут сосредоточиться на доме и укрепить семейные связи.

Периоды полнолуния в вашей сфере дома и семьи позволят раскрыть семейные тайны. Разрешив их, вы почувствуете себя более эмоционально защищенными. Полнолуние следует использовать для завершения проектов в доме.

## *Важные даты для Козерога*

*01/ 04- Марс входит в знак Козерога.*

*01/11 - Новолуние в Козероге*

*01/14- Меркурий входит в знак Козерога.*

*01/20 - Солнце соединяется с Плутоном в Козероге*

*01/23- Венера входит в знак Козерога.*

*06/22- Полнолуние в Козероге*

*06/ 29- Сатурн ретроградный в Рыбах*

*09/01- Плутон входит в знак Козерога.*

*10/12 - дефектный Плутон в Козероге*

*11/ 11- Венера дефектная в Козероге*

*11/ 15- Сатурн дефектный в Рыбах*

*12/ 21- Солнце входит в знак Козерога*

## *Гороскопы на месяц для Козерога на 2024 год*

### *Январь 2024 г.*

*Вам нужно больше доверять себе и быть более инициативным во всем. Иногда бывает так, что Вы перепутали провода, и то, что Вы начали с большим энтузиазмом, Вы бросаете, не подумав. В этом месяце сохраняйте уверенность в себе и излучайте хорошую энергию, чтобы выполнить свои новогодние планы. Никогда не сомневайтесь в своей способности добиваться успеха.*

*Возможно, Вы уже вступили в отношения или надеетесь на них. Если это последнее, то Вы недолго останетесь без партнера, так как с этого месяца романтические отношения станут для Вас приоритетными.*

*Если у вас есть партнер, то следует избегать упреков, так как они могут быть обращены против вас. Соблюдайте справедливость по отношению к партнеру.*

*Не стоит продолжать это дело, если нет юридических документов. Планеты указывают на то, что на карту поставлено многое, и ваши инвестиции заслуживают подкрепления в виде подписанного договора.*

*Предполагать, что за одну процедуру Вы сбросите так много килограммов, - нереально. Вы должны дать своему организму привыкнуть к новому режиму питания.*

***Счастливые числа***
*10–11–24–32 - 34*

# *февраль 2024 г.*

*В этом месяце не пренебрегайте своим здоровьем, следите за весом своего тела, поэтому продолжайте соблюдать диету. Это может принести вам последствия не сейчас, а в будущем. Следите за тем, что вы едите и что пьете. Если вы почувствовали недомогание, необходимо обратиться к врачу, не ждите, пока станет хуже.*

*Независимо от того, есть у Вас партнер или нет, забудьте в этом месяце о сильных эмоциях. Вы пребываете в пониженном настроении, и это ослабляет Вашу энергию. Вероятно, у Вас появятся головные боли или боли в плечах, потому что именно там будет скапливаться все напряжение.*

*Вам кажется, что деньги идут вспять, на пути стоят какие-то препятствия, и вы отстаете. Не отчаивайтесь, потому что это временно. Если Вам нужен банковский кредит, организуйтесь и возьмите его.*

*Вы должны контролировать приступы стресса, которые будут возникать в этом месяце в связи с несколько затуманенной ситуацией.*
*Позаботьтесь о своем желудке, нервы пойдут на*

*то, чтобы остаться там. Отдыхайте как можно больше.*

### *Счастливые числа*
*5–11–24–33–34*

## *март 2024 г.*

*Планеты будут на Вашей стороне, чтобы продвинуться в личном и профессиональном плане. Вы должны покончить с драматическими и токсичными ситуациями, которые не способствуют Вам, для этого Вам необходимо отстраниться от некоторых людей. Когда Вы это сделаете, все начнет протекать лучше.*

*Остерегайтесь излишеств и поступков, которые впоследствии нанесут вред вашему желудку.*

*Вы носите в себе много эмоций, которые не разрешили. Все это выйдет наружу в этом месяце, и это будет драма.*

*Если у вас есть партнер, то следует быть осторожным с излишней ревностью и попаданием в токсичные ситуации. Общение очень важно, не стоит скрывать свои чувства, чтобы не показаться уязвимым.*

*Наступающий месяц - период напряженной работы, а также стрессов, множества планов и умственного переутомления.*

*Даже если все покажется сложным, не волнуйтесь, это не будет серьезным.*

*В будущем в вашей жизни появятся возможности, к которым вы сможете получить доступ, если будете подготовлены, поэтому вы должны быть готовы.*

### *Счастливые числа*
*12–15–22–28 - 34*

# апрель 2024 г.

В этом месяце не соглашайтесь ни с какими советами, если кто-то говорит Вам не делать того, что Вы действительно считаете нужным сделать, хорошо проанализируйте ситуацию.

Любовь важна, но, возможно, ваше время любить еще не пришло. Возможно, вы думаете, что для вас не существует возможностей, но это только в вашем воображении. Вам нужно начать открывать глаза.

После 10 вы будете чувствовать себя не в своей тарелке, постарайтесь сделать что-нибудь, чтобы обрести спокойствие и душевный мир, вам нужно лучше осознавать свои эмоции.

Вы не хотите делиться тем, что с вами происходит, потому что не хотите, чтобы они беспокоились о вас. Вы краеугольный камень вашей семьи, и вы не хотите их подводить. Но,

В конце месяца Вам следует освободиться от токсичных людей в своей личной жизни. Если Вы решите отправиться в путешествие, то перед этим лучше привести в порядок свои рабочие дела.

Во многих случаях одиночество полезно, потому что оно преподносит нам уроки жизни, ошибки и успехи, которые мы совершили. Очень важно привести в порядок свои финансы, это необходимо для того, чтобы вернуться к нормальной жизни.

Возможно, кто-то предложит вам возможность, которая принесет вам много пользы и дополнительных денег.

***Счастливые числа***
***5–20–23–28 - 29***

# *май 2024 г.*

*Начните жить любовью более интенсивно, вполне вероятно, что вы теряете желание быть со своим партнером. В момент слабости Вы можете поддаться искушению быть с кем-то еще. Помните, что такие неправильные действия имеют последствия.*

*Если вам нужно готовиться к экзамену, не теряйте времени, начните с этого месяца.*

*Лучше заботиться о своем теле и заниматься спортом.*

*Если у вас есть планы на поездку, возможно, пришло время изменить их, потому что у вас может быть свидание с человеком, с которым вы очень заинтересованы встретиться, это не будет гарантией и не продлится долго, но, по крайней мере, это будет хорошее время, и вы должны наслаждаться им. В любом случае, сейчас не время посвящать себя отношениям.*

*В конце месяца вы почувствуете противоречивые энергии, вам следует быть очень осторожными в сердечных делах, вы можете сделать то, что хотите, но потом не жалеть об этом.*

*Если кто-то беспокоит вас, не вступайте с ним в конфронтацию, просто избегайте его. Таких людей лучше обходить стороной, какими бы хорошими они ни были.*

### ***Счастливые числа***

*3–12–19–33 - 35*

# июнь 2024 г.

*В этом месяце Вы будете чувствительны из-за многих произошедших событий, помните, что все проходит. Вам следует больше общаться с родственниками. У Вас много обязанностей, которые, возможно, придется разделить.*

*Если вы хорошо организуете себя в этом месяце, то сможете сделать гораздо больше того, что откладывали.*

*Деньги так или иначе будут расти на вашем банковском счете, если у вас есть идея инвестировать во что-то, вы только начали. Ваша решимость окупится.*

*Если Вы одиноки, Вы встретите особенного человека, с которым будете во многом идентифицировать себя, не подавляйте себя, если дела идут медленно. Что предназначено для Вас, то и будет, старайтесь наслаждаться настоящим в полной мере.*

*Если у Вас есть партнер, то в этом месяце связи будут укрепляться. Ваша связь с этим человеком будет глубокой, а чувства - искренними.*

*Если вы начали диету, то соблюдайте ее до конца, дисциплина - ключевой момент во всем.*

*Не стоит цепляться за методы и системы, если нужно что-то изменить, сделайте это. Не замыкайтесь на одном пути, пробуйте другие техники и стратегии.*

### *Счастливые числа*
*1–11–14–26 - 35*

# июль 2024 г.

*Если у вас нет партнера, то вы наверняка встречали человека, который оказался не таким, как вы ожидали, и вы почувствовали разочарование. Это ваша ошибка, никто не совершенен. Помните, что любовь строится на достоинствах и недостатках того, кого вы любите.*

*Вы должны инвестировать в технологии, иначе вы останетесь позади. Сделайте это, потому что вам есть что предложить - от ваших продуктов до ваших услуг.*

*В этом месяце, благодаря Вашей личной харизме, найдется человек, готовый отстаивать Ваши решения, какими бы плохими они ни были, что поможет Вам.*

*Память — это не повод отказываться от надежды, наоборот: благодаря ей вы можете ее подпитывать. Желание воссоединиться со старой любовью даст вам вдохновение жить. Никогда не бойтесь воспоминаний, на каждое мрачное воспоминание есть миллионы счастливых.*

*Если в конце месяца кто-то требует от вас ответа по поводу деловой сделки, спросите себя, почему, не стоит делать то, что вызывает у вас дискомфорт.*

*Дела идут на поправку, Козерог, но Вы все еще должны поднажать на себя. Не сдавайтесь сейчас, когда вы уже близки к этому.*

***Счастливые числа***
***1–7–15–18 - 20***

## *август 2024 г.*

*В этом месяце будут и прекрасные моменты, и обескураживающие ситуации. Это не будет спокойный месяц. Произойдет много событий, которые будут влиять на Вас по-разному, Вам следует запастись терпением. Вам не терпится найти решение экономических проблем. В этом месяце Вам необходимо анализировать и размышлять.  Планеты советуют не принимать поспешных решений, касающихся финансов.*

*В любви, если вы свободны, вас ждет сенсационный месяц, потому что кто-то заставит вас вернуть свои иллюзии, и с этим человеком вы начнете стабильные отношения.*

*Вы должны следить за своими реакциями, так как можете потерять контроль над работой и стать агрессивным.*

*У Вас есть хитрость, чтобы выпутаться из неприятностей, и звезды защищают Вас, но лучше их избегать.*

*В бизнесе это будет позитивный месяц, потому что вы сможете осуществить те изменения, которые хотели, и заработать много денег.*

*Берегите эмоциональность и эмпатию, которыми вы обладаете, потому что вы будете проживать* чужие драмы как свои собственные, и это истощит вашу энергию.

### *Счастливые числа*

*1–9–11–17 - 25*

# Сентябрь 2024 г.

*Это очень благоприятный месяц для того, чтобы задуматься о том, как вы реагируете на те или иные события.*

*В этот аспект важно вникнуть глубже, поскольку от него зависит благоприятное решение тех или иных проблем.*

*Если вы занимаетесь бизнесом, то можете столкнуться с некоторыми проблемами, связанными с приобретением электронного оборудования. Проверьте оборудование и договоры купли-продажи.*

*Лучшие моменты вы проведете в окружении своей семьи, своего партнера и друзей - они помогут вам почувствовать себя любимым.*

*Ваше артериальное давление будет повышаться, но это не повод для беспокойства, а предупреждение о необходимости более тщательной заботы о своем сердце.*

*Пришло время улучшить питание и более активно заниматься спортом. Ваше сердце — это ось вашей жизни, не пренебрегайте им.*

## Счастливые числа
*2–17–19–31 - 34*

## *октябрь 2024 г.*

*Договоренности соблюдаются. Первым их нарушает тот, кто проявляет слабость, угрожающую паре. Для этого необходимо скорректировать свой курс, пересмотреть свои шаги и изменить свое поведение.*

*Вы должны оценивать каждого человека по его поступкам, а не обобщать, считая, что все мужчины или женщины плохие. С этим новым человеком, появившимся в Вашей жизни, Вы должны с чистого листа начать все сначала. Откройте свое сердце и впустите ее в свою жизнь.*

*Удача улыбнется Вам после середины месяца. Это означает, что Вы будете обладать прекрасным восприятием, чтобы обнаружить не только малейшую проблему, но и ее решение. Вы сможете преодолеть любые невзгоды, даже финансовые.*

*Не позволяйте в конце месяца вселиться в себя неуверенности и страху. Избегайте споров.*

*Старайтесь относиться к неожиданностям с юмором, дайте отдохнуть своему эго. Не позволяйте лишним вещам влиять на Вас. Вы должны обладать ясностью ума. Ваша совесть - ваш союзник. Прислушивайтесь к ней.*

### *Счастливые числа*
*2–5–18–26 - 32*

# ноябрь 2024 г.

*В этом месяце подумайте о том, чтобы отправиться на отдых или на пляж.*

*Вы можете закончить школу, получить ученую степень или сдать экзамен для получения профессиональной лицензии.*

*Внесите позитивные изменения в свой имидж, вы откладываете свой внешний вид на потом, а чтобы добиться успеха в работе, вы должны хорошо выглядеть.*

*Если у вас есть возможность сказать кому-то, что вы его любите, и это правда, скажите ему, что это человек, который всегда вас поддерживал, вы не пожалеете об этом.*

*Избегайте агрессивного отношения к окружающим, особенно на работе.*

*В конце месяца Вы обнаружите, что переживаете период сильной холодности по отношению к партнеру, поскольку он неоднократно жаловался Вам на недостаток внимания. Вы не хотите менять свое поведение и заставляете излишне страдать любящего Вас человека.*

*Мирная Вселенная принесет вам океан мужества перед лицом существующего долга, а также умение вести переговоры.*

### *Счастливые числа*
*8–9–22–25 - 31*

# декабрь 2024 г.

В этом месяце Ваш характер будет переменчивым, и Вам придется столкнуться с негативными ситуациями, не волнуйтесь раньше времени. У Вас появится энергия, чтобы избавиться от переживаний. Если Вам предстоит принять важное решение в 2025 году, то этот месяц - самое время. Вы обладаете аналитическими способностями, чтобы точно определить, чего Вы хотите, и можете наметить путь к этому.

В конце месяца Вы пройдете через период сомнений в любви. Вы идеализировали отношения из своего прошлого, будьте реалистами, вы рискуете променять настоящую любовь на ту, которая в вашем воображении идеальна, а у вас ее даже нет в пределах досягаемости.

Наберитесь терпения, потому что все ситуации, которые вызывают у вас беспокойство, в том числе и на работе, разрешатся без ваших усилий.

Начинается этап, на котором в вашей жизни произойдет множество трансформаций. Это не означает, что изменения произойдут в одночасье, вам придется подождать некоторое время.

*Не подвергайте себя ситуациям, усиливающим стресс. Откажитесь от кофе и соли, выполняйте дыхательные упражнения.*

### *Счастливые числа*
*1–14–27–30 - 31*

## *Карты Таро - загадочный и психологический мир.*

*Слово Таро означает "королевская дорога", это тысячелетняя практика, точно неизвестно, кто придумал карточные игры вообще и Таро в частности; в этом смысле существуют самые разноречивые гипотезы.*

*Одни говорят, что они возникли в Атлантиде или Египте, другие считают, что таро пришли из Китая или Индии, из древней страны цыган или попали в Европу через катаров. Но факт остается фактом: в картах таро переплетается астрологическая, алхимическая, эзотерическая и религиозная символика, как христианская, так и языческая.*

*Еще недавно при слове "таро" некоторые люди представляли себе цыганку, сидящую перед хрустальным шаром в комнате, окруженной* мистикой, или думали о черной магии или колдовстве, но сегодня ситуация изменилась.

Эта древняя техника адаптируется к новым временам, она вошла в технологию, и многие молодые люди испытывают к ней глубокий интерес.

Молодые люди изолировали себя от религии, поскольку считают, что не найдут там решения того, что им нужно, они осознали двойственность этого, чего не происходит с духовностью. В социальных сетях можно найти аккаунты, посвященные изучению и гаданию на таро, поскольку все, что связано с эзотерикой, модно, более того, некоторые иерархические решения принимаются с учетом таро или астрологии.

Примечательно, что не те предсказания, которые обычно связаны с таро, являются самыми востребованными, а те, которые связаны с самопознанием и духовным консультированием, - самыми востребованными.

Таро — это оракул, с помощью его рисунков и цветов мы стимулируем нашу психическую сферу, ту внутреннюю часть, которая выходит за пределы естественного. Многие люди обращаются к таро как к духовному или психологическому путеводителю, поскольку мы живем в неопределенные времена, и это толкает нас на поиски ответов в духовности.

Это такой мощный инструмент, который конкретно говорит вам о том, что происходит в вашем подсознании, чтобы вы могли воспринять это через призму новой мудрости.

Карл Густав Юнг, известный психолог, использовал символы карт Таро в своих психологических исследованиях. Он создал теорию архетипов, в которой обнаружил обширную сумму образов, помогающих в аналитической психологии.

Использование рисунков и символов для обращения к более глубокому пониманию часто применяется в психоанализе. Эти аллегории являются частью нас, соответствуя символам нашего подсознания и нашего разума.

В нашем бессознательном есть темные области, и когда мы используем визуальные техники, мы можем добраться до различных его частей и раскрыть неизвестные нам элементы нашей личности. Когда вы сможете расшифровать эти послания с помощью изобразительного языка Таро, вы сможете выбирать, какие решения принимать в жизни, чтобы создать ту судьбу, которую вы действительно хотите.

Таро с его символами учит нас тому, что существует иная Вселенная, особенно в наше время, когда все так хаотично и всему ищут логическое объяснение.

# *Влюбленные, карта Таро для Козерога на 2024 год*

*Эта карта Таро символизирует начало отношений или углубление связи между двумя людьми.*

*Указывает на важное решение, которое вы собираетесь принять. Дилемма, которая возникнет перед вами и потребует принятия решения.*

*Какое-то событие изменит ваши планы, что-то, что на первый взгляд может показаться негативным, но впоследствии окажется замаскированным благословением.*

*Появится интересная возможность, экзамены или бизнес будут развиваться хорошо, у Вас будут интересные встречи, которые создадут открытия. Вы должны быть осторожны, так как любовь может взять верх над сердцем и логическим мышлением.*

*Если сердце кричит вам, что нужно изменить свой путь, доверьтесь своей интуиции.*

*Не делайте поступков, думая только о себе, всегда думайте о том, кто в них участвует. Вы должны делать то, что лучше для всех.*

*Любовь должна быть вашим компасом, и помните, что наихудшее решение — это то, которое вы не принимаете.*

*Эта карта Таро указывает на рождение ребенка или заключение брака, она символизирует необходимость принятия судьбоносного решения.*

## *Руны года 2024*

Руны — это набор символов, образующих алфавит. Слово "руна" означает "тайна" и символизирует шум столкновения одного камня с другим. Руны — это древний провидческий и магический метод.

Руны не служат для точных предсказаний, но они служат для того, чтобы подсказать вам будущее событие, предмет или решение.

Руны имеют конкретное значение для того, кто хочет его получить, а также некое послание, связанное с невзгодами, возникающими в жизни.

# *Вуньо, Руны Козерога 2024*

*Пришло ваше время собирать урожай. Понимание и знание станут вашими лучшими союзниками.*

*Ясность ума может заставить вас изменить некоторые планы.*

*Эта руна символизирует радость и счастье. Это прекрасное предзнаменование, символизирующее, что вас ждет успех. Пришло время пожинать плоды приложенных усилий.*

*Она напоминает о духовной работе, которую необходимо проделать для достижения своих целей, и, следовательно, предполагает как личную самореализацию, так и исполнение мечты.*

*Вуньо принесет вам эмоциональное и психологическое благополучие, а также много положительной энергии.*

*Она предсказывает повышение зарплаты, дополнительный заработок или удачу в азартных играх.*

*Он олицетворяет радость от профессиональной деятельности, особенно если это художественная или творческая работа.*

*Она определяется как руна победы, полученной после преодоления трудностей или препятствий. Она подразумевает самореализацию и исполнение мечты после периода внутреннего роста до достижения вершины.*

*Однако достижение такой степени удовлетворенности и успеха предполагает прохождение сложного пути, связанного с риском или высокой ответственностью.*

*Это говорит о том, что ваши цели уже достигнуты, задачи решены, поэтому, не теряя концентрации, следует расслабиться и начать наслаждаться плодами успеха и счастья, которое он приносит.*

## *Удачные цвета*

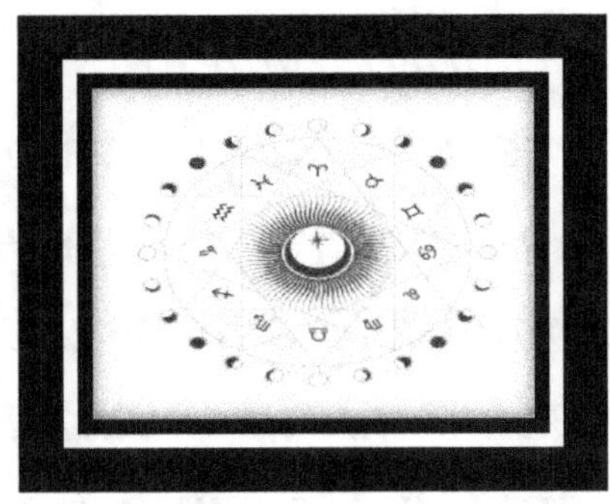

Цвета оказывают на нас психологическое воздействие: они влияют на нашу оценку вещей, мнение о чем-то или о ком-то, а также могут использоваться для принятия решений.

Традиции встречи нового года в разных странах различны, и в ночь на 31 декабря мы подводим итоги всего позитивного и негативного, что было в уходящем году. Мы начинаем думать о том, что нужно сделать, чтобы изменить свою удачу в новом году.

Существует несколько способов привлечь к себе положительные энергии при встрече нового года, и один из них - надеть или носить аксессуары определенного цвета, привлекающего то, что мы желаем в наступающем году.

Цвета несут энергетический заряд, влияющий на нашу жизнь, поэтому всегда рекомендуется встречать год, одетым в цвет, привлекающий энергии того, чего мы хотим достичь.

Для этого существуют цвета, которые положительно вибрируют с каждым знаком Зодиака, поэтому рекомендуется носить одежду того оттенка, который будет способствовать привлечению процветания, здоровья и любви в 2024 году. (Эти цвета можно использовать и в остальное время года для важных событий или для того, чтобы сделать ваши дни более насыщенными).

Помните, что, хотя чаще всего принято носить красное белье для страсти, розовое - для любви, а желтое или золотое - для изобилия, никогда не будет лишним включить в свой наряд тот цвет, который наиболее выгоден нашему знаку зодиака.

## *Козерога*

### *Пурпурный (известен как фуксия, цвет этого цветка)*

***Ключевые слова пурпурного цвета****: преданность, доброжелательность, доброта, творчество, независимость, терпимость, достоинство, спокойствие.*

*Когда человек чувствует уныние, беспокойство, гнев или разочарование, пурпурный цвет выводит его из этого состояния или настроения и дает возможность проявиться духу.*

*Этот цвет на протяжении многих веков ассоциируется с духовностью. Это цвет, который связан с чистой любовью.*

*Пурпурный цвет помогает энергетически зарядить надпочечники и почки. Он действует как мочегонное средство.*

*Это духовный цвет, но в то же время с практическими аллюзиями, ассоциирующийся с состраданием, отзывчивостью и добротой.*

*Пурпурный цвет связан с практичностью жизни и, являясь смесью красного и синего, включает в себя страсть красного и уравновешенность синего.*

*Несомненно, пурпурный цвет связан с гармонией между эмоциональным, духовным и физическим.*

*Вибрации пурпурного цвета усиливают связь с нашей жизненной целью и миссией души. Он способствует духовному развитию и оптимизирует наши экстрасенсорные способности.*

*Она помогает нам преодолевать жизненные препятствия и переходить на более высокий уровень сознания.*

# *Лаки Чарус*

У кого нет счастливого кольца, цепочки, которая никогда не снимается, или предмета, который он не отдал бы ни за что на свете? Все мы наделяем принадлежащие нам вещи особой силой, и этот особый характер, который они принимают для нас, делает их магическими предметами.

Для того чтобы талисман мог действовать и влиять на обстоятельства, его носитель должен верить в него, и тогда он превратится в необыкновенный предмет, способный выполнить все, что от него требуется.

Обычно амулетом называют любой предмет, умилостивляющий добро в качестве средства защиты от зла, вреда, болезней и колдовства.

*Амулеты на удачу помогут вам провести 2024 год в благоденствии в доме, на работе, в семье, привлечь деньги и здоровье. Чтобы амулеты работали правильно, не следует давать их в руки посторонним и всегда иметь под рукой.*

*Амулеты существовали во всех культурах и изготавливались из элементов природы, которые служат катализаторами энергий, способствующих исполнению желаний человека.*

*Амулету приписывается способность отгонять зло, чары, болезни, бедствия или противодействовать злым желаниям, произнесенным через глаза других людей.*

## *Амулет для Козерога*

### *Меч*

*Этот амулет отгоняет плохие энергии и дает защиту от врагов. Его используют против зависти и сглаза, так как он обладает большой силой, способной защитить нас от любого зла, которое желают нам завистники.*

*Он поглощает плохие энергии, поэтому, если вы носите его, ваше здоровье будет в надежных руках. Считается, что он не только отгоняет негатив, но и приносит благополучие и любовь.*

*Он также защитит вас от черной магии.*

# Счастливый кварц

Всех нас привлекают бриллианты, рубины, изумруды и сапфиры - очевидно, драгоценные камни. Полудрагоценные камни, такие как сердолик, тигровый глаз, белый кварц, лазурит, также высоко ценятся, поскольку на протяжении тысячелетий использовались в качестве украшений и символов власти.

Многие не знают, что они ценились не только за красоту: каждый из них имел сакральное значение, а их целебные свойства были не менее важны, чем декоративные.

Кристаллы и в наши дни обладают теми же свойствами, большинство людей знакомы с наиболее популярными из них, такими как аметист, малахит и обсидиан, но в настоящее время появились новые кристаллы, такие как лайма, петлит и фенакит.

Кристалл — это твердое тело геометрически правильной формы, кристаллы образовались при создании Земли и продолжают метаморфировать по мере изменения планеты. Кристаллы — это ДНК Земли, это миниатюрные хранилища, в которых хранится информация о развитии нашей планеты за миллионы лет.

Некоторые из них были согнуты под необычайным давлением, другие выросли в камерах, погребенных глубоко под землей, третьи возникли из капель. Какую бы форму они ни принимали, их кристаллическая структура способна поглощать, сохранять, фокусировать и излучать энергию.

В основе кристалла лежит атом, его электроны и протоны. Атом динамичен и состоит из ряда частиц, которые вращаются вокруг центра в постоянном движении, так что, хотя кристалл может казаться неподвижным, он представляет собой живую молекулярную массу, которая вибрирует с определенной частотой, и именно это дает энергию кристаллу.

Раньше драгоценные камни были царской и священнической прерогативой, жрецы иудаизма носили на груди бляшку с драгоценными камнями, которая была не просто эмблемой, обозначающей их функции, но и передавала власть носителю.

Люди носили камни еще в каменном веке, поскольку они выполняли защитную функцию, оберегая своего владельца от различных бед. Современные кристаллы обладают той же силой, и мы можем подбирать украшения не только по их внешней привлекательности: находясь рядом с ними, можно зарядиться энергией (оранжевый сердолик), очистить пространство вокруг себя (янтарь) или привлечь богатство (цитрин).

Некоторые кристаллы, такие как дымчатый кварц и черный турмалин, способны поглощать негатив, излучая чистую и прозрачную энергию.

Ношение черного турмалина на шее защищает от электромагнитных излучений, в том числе и от сотовых телефонов, цитрин не только привлечет богатство, но и поможет его сохранить, поместите его в богатой части дома (сзади слева, наиболее удаленной от входной двери).

Если вы ищете любовь, кристаллы могут вам помочь: поместите розовый кварц в угол отношений вашего дома (задний правый угол, наиболее удаленный от входной двери), его эффект настолько силен, что вы можете добавить аметист, чтобы компенсировать притяжение.

Можно также использовать родохрозит - любовь придет сама.

Кристаллы способны исцелять и дарить равновесие, некоторые кристаллы содержат минералы, известные своими лечебными свойствами, малахит имеет высокую концентрацию меди, ношение малахитового браслета позволяет организму усваивать минимальное количество меди.

Лазурит снимает мигрень, но если головная боль вызвана стрессом, то аметист, янтарь или бирюза, помещенные над бровями, снимут ее.

Кварц и минералы — это драгоценные камни матери-земли, дайте себе эту возможность и соединитесь с магией, которую они излучают.

## Счастливый кварц для Козерогов 2024 года

### Флюорит

Он помогает справиться с психической неустойчивостью, придавая гармонию тому, кто его использует.

Это помогает в примирении и позволяет ясно увидеть истину, скрытую за масками.

Он также способствует улучшению интеллектуального и эмоционального состояния. Применяется для лечения простудных заболеваний, герпеса и язв.

*Это камень, обладающий защитными свойствами, в основном на духовном уровне. Он очищает ауру и останавливает манипуляции.*

*Отмечается, что он способствует развитию интуитивных способностей, делает человека более осведомленным о высших духовных существованиях, стимулирует духовное пробуждение.*

## Совместимость Козерога и знаков Зодиака

### Козерог

**Козерог -** знак, представленный морским козлом, животным наполовину козлиным, наполовину рыбьим хвостом. Эта загадочная особь может жить как на суше, так и в воде, олицетворяя собой способность Козерога уравновешивать логику и интуицию. Самый амбициозный знак Зодиака знает, как применить эти навыки на практике.

Козерог находится под управлением Сатурна, планеты, управляющей временем и ограничениями. Сатурну в астрологии отводится роль преподавателя трудных уроков, и Козерогу не чужды эти страдания.

В детстве и юности Козерогу обычно приходится нелегко, но по мере взросления он становится моложе, оптимистичнее и веселее. Сила характера всегда сопровождает его, и Козерог использует эту внутреннюю силу для преодоления препятствий и достижения своих долгосрочных целей. Одним словом, этот знак никогда не позволит ничему и никому встать на пути к своему успеху.

*Будучи кардинальным знаком, Козерог прекрасно справляется с запуском проектов и занятием руководящих должностей, а его позитивный настрой приводит его к успеху в любой профессии.*

*Козероги любят общаться с самыми близкими друзьями, и этот земной знак ценит качественное времяпрепровождение со своими партнерами. Козерогам нравится создавать окружение из единомышленников, а внутри каждого серьезного Козерога скрывается очень озорной характер.*

*Поначалу, поскольку он не уверен в себе, он кажется немного традиционным и консервативным, но близкие к Козерогу люди знают, что этот морской козел может превратиться в настоящую сову и веселиться без остановки.*

*Амбициозность Козерога вдохновляет апатичных людей, но из-за своей непоколебимой сосредоточенности он также имеет репутацию холодного и безэмоционального человека. По привычке он всегда думает о главном, и у него не хватает времени и сил на советы друзьям.*

*Хотя не все Козероги одинаковы, Козерогу следует помнить, что не все успехи в жизни могут быть отражены в резюме, и, в конечном счете, сопереживание важнее любой карьеры. Сострадание и амбиции не являются* взаимоисключающими, и когда он сможет объединить эти аспекты своей жизни, он будет гораздо более реализованным.

Козерог всегда имеет высокий статус, поэтому его привлекают партнеры, которые амбициозны. Его привлекают люди, обладающие профессиональными или творческими талантами, или даже юмором.

Когда вы заводите роман с Козерогом, не забудьте выделить свои лучшие качества и подчеркнуть свои способности. Козерог будет заинтересован в Вас.

Козерог хочет создать прочный фундамент в своих романтических отношениях, поэтому он не тратит время на мелкие связи, не переходит с ветки на ветку, и, если он проявляет интерес, значит, вы ему действительно нравитесь. Поначалу его стиль влюбленности может быть довольно традиционным, он не хочет тратить деньги ради денег, пока не появится уверенность. Если чувства зародились, Козерог начнет раскрываться, станет менее аскетичным.

Козерог-любовник подходит к сексуальности с акцентом и самоотдачей, в вопросах секса все черно-белое. Для этого знака это либо проявление романтики, либо случайная связь на одну ночь. Когда нет эмоциональной привязанности, секс с

*Козерогом может быть стерильным, почти деловым, как с незнакомцем. Но когда он хочет раскрепоститься с человеком, к которому эмоционально привязан, он проявляет свою внутреннюю чудовищность.*

*Козерог, когда дело доходит до секса, является конкурентоспособным, поэтому он попросит вас рассказать ему обо всей вашей сексуальной жизни, не стесняйтесь, потому что то, чего он хочет, — это соревноваться или улучшить это.*

*Чтобы сохранить отношения с Козерогом, нужно просто помнить, что для Козерога любовь — это как бизнес, и, хотя он не работает ради оваций, как другие, он требует почтения, особенно от партнера.*

*Как только отношения переходят начальную стадию, Козерог начинает углублять связь. Козерогу необходимо быть с кем-то надежным, кто также играет роль советчика.*

*Для представителей этого знака работа необходима для выживания и является продуктивной отдушиной для их внутренней подсознательной борьбы. Козероги всегда будут благодарны за возможность раскрыть свои уязвимые места перед партнером и тем самым обрести не только возлюбленного, но и друга.*

*Козерог известен своей выносливостью, и в отношениях он ожидает, что тяга партнера будет соответствовать или превосходить его. Это стремление не просто быть сильным партнером, а создать и поддерживать качество жизни, которое Козерог сможет защитить.*

*Для Козерога нет ничего более сексуального, чем упорный труд. Козероги терпеть не могут лентяев, и если вы такой, то вы совсем не в их вкусе.*

*Когда Козерог слишком сильно давит на своего партнера, это может вызвать недовольство с обеих сторон, и чтобы избежать этого, ему следует помнить, что каждый человек движется в своем собственном темпе и, что, возможно, наиболее важно, имеет свое собственное определение победы.*

*Если по случайности Козерог начнет относиться к Вам как к помощнику, то отношения могут оказаться на стадии угасания, и, хотя он не лжец, если Козерог решит сбиться с пути, он будет анализировать это как маркетинговое исследование, то есть изучать свои лучшие варианты, чтобы сделать вывод о том, какой тип отношений наиболее выгоден.*

*В конце концов, для этого астрологического администратора все сводится к переговорам.*

*Даже самые эмоциональные ситуации можно смягчить хорошим предложением.*

*Не поймите превратно, если Козероги считают, что отношения соответствуют их ожиданиям, они будут бороться за них до конца.*

*Но если он обнаружит, что математика больше не дает нужных цифр, он будет готовиться к закрытию рынка. Он, честно говоря, более ласков, чем предполагает его престиж, но он никогда не пытается убедить человека остаться, если он не заинтересован в продолжении отношений. Если вам посчастливилось заполучить Козерога, вам гарантирован стабильный и верный партнер.*

***Козерог и Овен,*** *несмотря на свою амбициозность, совершенно по-разному определяют успех. Козерог медленно поднимается в гору, в то время как Овен, очертя голову, рвется к вершине. По правде говоря, детская жизнерадостность Овна может оттолкнуть сурового Козерога, ему она кажется небрежной и нерафинированной. В то же время Овен может иногда воспринимать Козерога как не креативного и скучного.*

*Не все надежды потеряны для этих двух предприимчивых знаков. Если они научатся принимать логику друг друга, то смогут* построить отношения, основанные на понимании и уважении. Кроме того, они оба получают удовольствие от секса, и это стоит того, чтобы рискнуть.

**Козерог и Телец** - естественная пара. Тельцу нравится преданность Козерога, ведь морской козел предлагает стабильность, которой так жаждет Бык. Кроме того, Козерог ценит чувственность Тельца, которая придает дополнительные нюансы порой жесткому упорству морского козла. Козерог и Телец - практичные люди, которые прекрасно ладят друг с другом. Однако ни одни отношения не бывают идеальными, и Козерог с Тельцом могут защищаться в своей общей зоне комфорта. Отношения должны быть веселыми и общими, поэтому этим двум знакам следует позаботиться о том, чтобы поддерживать пламя любви с помощью спонтанности.

**Козерог и Близнецы -** редкое любовное сочетание. На самом деле, эти знаки настолько разные, что романтические отношения между ними просто безумны. Козерог заинтригован изменчивостью Близнецов, а Близнецы хотят впитать всю мудрость, которую может предложить Козерог.

Вместе они смогут преподать друг другу бесценные уроки, вдохновляя друг друга в профессиональном, творческом и, конечно же, сексуальном плане. В этих отношениях Козероги также не преминут проявить свои извращенные наклонности. Любые отношения требуют переговоров и компромиссов, поэтому, если оба знака готовы вкладывать силы в достижение общих целей, они могут стать партнерами на всю жизнь.

**Козерог и Рак**, оба зодиакальных знака, символизируют небесных родителей. Козерог олицетворяет сильную энергию отца, а Рак связан с женской энергией матери. Эти знаки разделяют более традиционные взгляды на романтику. Они стремятся к созданию надежного, благоприятного и преданного домашнего очага. Конечно, даже самые преданные пары ссорятся, поэтому, если эти два знака планируют встречаться, они должны быть готовы к тому, что иногда будут ссориться.

**Козерог и Лев,** хотя ни один из них не хочет этого признавать, живут, тайно одержимые друг другом. Козерог очарован драматическим стилем Льва, а Лев вдохновлен невероятной трудовой этикой Козерога. У них есть потенциал для создания невероятно сильной пары, но сначала они должны быть готовы отпустить свое эго. В частности, Лев должен смириться с тем, что неуклонная сосредоточенность Козерога иногда побеждает конкурентов, а Козерог должен признать, что драматизм Льва является эффективной методикой. В этих отношениях всегда будет присутствовать конфликт, но если они приложат усилия, то это напряжение станет чисто сексуальным, а оба знака очень заинтересованы в таком способе выражения энергии.

**Козерог и Дева — это** очень хорошие отношения. Козероги прилагают все усилия, чтобы создать в своей жизни надежность и безопасность. Как братья и сестры по стихии, поскольку они оба являются земными знаками, Дева имеет схожие устремления. Следовательно, эти знаки составляют прекрасную команду. Козерог ценит организованность Девы, а Дева восхищается широким кругозором Козерога. Это трудолюбивая, рациональная пара. Однако, когда дело доходит до отношений, этим двум придется следить за тем, чтобы их механика не стала слишком практичной. Если они смогут найти новые способы подтолкнуть друг друга и быть сексуально привлекательными, то смогут создать отношения, которые будут длиться долго.

**Козерог и Весы** должны очень много работать, чтобы сохранить отношения. Козерог - трудоголик. Некоторые знаки ценят его амбициозность, но такой подход к жизни, конечно, не для всех. В таких отношениях оба знака должны быть уверены, что они находятся на одной волне. Весы, дипломат Зодиака, могут быть разочарованы стоицизмом Козерога.

У Козерога, как у труженика, нет времени на любезности, которые как раз и являются той формой социального взаимодействия, которая движет Весами. Козерога легко раздражает излишняя приятность Весов. Когда эти два знака объединяют свои усилия, Козерог должен помнить, что Весы ему не помощник, а Весы должны принять свою роль верного партнера Козерога. Если они смогут научиться уважать свои различия, то союз будет удачным.

**Козерог и Скорпион — это** темные, загадочные, но очень сексуальные отношения. Скорпион одержим властью и контролем, но, встретив Козерога, столь целеустремленного человека, он *понимает, что никто, даже его соблазнительная сила, не сможет вывести его из равновесия.*

*Это возбуждает Скорпиона, который работает сверхурочно, чтобы завоевать с таким трудом полученную привязанность Козерога. А Козерог в это время сидит и расслабляется - этот земной знак любит наблюдать за тем, как Скорпион потеет.*

*Хотя это перетягивание каната является эротическим, если эти двое хотят развивать отношения, они должны убедиться, что их отношения не основаны полностью на вопросах доминирования и подчинения.*

***У Козерога и Стрельца*** *просто нет перспективы. Оптимистичный Стрелец вызывает у Козерога чувство раздражения. В итоге, если эта пара научится работать вместе, то сможет создать сбалансированные отношения, одновременно страстные и стабильные. Это может потребовать компромисса, но, в конце концов, все в жизни - сделка.*

***Козерог и Козерог -*** *эти двое зажигают друг друга своей нравственностью и добросовестным отношением к работе, поэтому весьма вероятно,* что сначала они соединятся в обстановке или факультативе.

Однако такая связь встречается сравнительно редко. Эти души-ветераны могут по-настоящему построить отношения, образовав неудержимый дуэт - одну из самых яростных и, пожалуй, самых успешных властных пар Зодиака. Движимые своими амбициями, два Козерога снимают двухместный номер в гостинице.

У **Козерога и Водолея** разные подходы к жизни. Козерог укоренен. Водолей продвигается в идеях, исследуя интеллектуальный динамизм, часто вопреки всему устоявшемуся.

Водолей жаждет разрушить модуль, который Козерог упорно создает. Естественно, в этих отношениях будет присутствовать напряжение, но Козерог и Водолей могут также учиться друг у друга. Хотя может потребоваться время, чтобы каждый из них начал ценить обещания другого, у этой пары есть потенциал для совместимости.

**Козерог и Рыбы — это** возможные отношения. Амбициозность Козерога и креативность Рыб - безошибочная формула успеха. Будучи водным знаком, Рыбы часто имеют чисто художественное видение.

Однако у него нет необходимой основы для воплощения своих мечтаний в реальность, и когда он встречает Козерога, то получает помощь для переноса своих абстрактных идей в материальный мир.

Козерог должен тщательно распределять свое время между этими двумя событиями, а Рыбы должны дать ему свободу действий. Если эти знаки смогут научиться ориентироваться в совместной жизни как пара, их отношения будут прекрасными.

## Козерог и его призвание

Козерог обладает решительным и спокойным характером. Это делает его исключительным лидером, который решительно и уверенно встречает кризисы.

Он полагается не на удачу, а на упорный труд и настойчивость.

## *Лучшие профессии*

*Козерог амбициозен и любит решать сложные задачи. Власть занимает центральное место в личности Козерога. Финансовые учреждения, управление бизнесом, боевые искусства, бокс, фармацевтика, архитектура.*

## *Признаки, с которыми можно ассоциировать*

*Это будет хороший партнер для Скорпиона, а также Овна, Весов. Это аналитические знаки, которые изучают все вероятности дела, знают, как структурировать идею, и предусмотрительны.*

## *Денежные ритуалы*

### *Ритуал с цитрином для привлечения денег*

*Вам потребуется.*

*- 3 цитрина*

*- 3 золотые свечи в форме пирамиды*

*- Эссенция лаванды*

*- 1 палочка корицы*

*- 1 бронзовая монета*

*- 1 серебряная монета*

*- 1 желтый пакетик*

*Этот ритуал следует проводить в пятницу вечером после 18:00.*

*Свечи необходимо освятить лавандовой эссенцией. Затем расположите их в форме треугольника. Поместите 3 монеты также в форме треугольника, а поверх них - цитрусовый кварц. Зажгите свечи, представляя, как деньги приходят в ваш бизнес. Дайте свечам догореть, положите 3 камня и монеты с палочкой корицы в мешочек и повесьте его за дверью вашего бизнеса.*

***Сундук изобилия и процветания.***

*Вам потребуется:*

*- 1 деревянный сундук*

*- 1 магнитный камень*

*- 1 пирит*

*- 3 китайские монеты с красной лентой*

- *1 нефритовый кварц*

- *1 ладан с корицей*

- *1 красный конверт*

- *1 пергаментная бумага*

*На пергаментной бумаге вы пишете: "Я (имя) призываю моих духовных наставников помочь мне увеличить изобилие и процветание в моей жизни". Поместите эту бумагу в сундук.  Зажгите благовония с корицей и проведите дымом над всеми предметами, которые вы собираетесь положить в сундук. После того как дым пройдет, положите все предметы в сундук. Закройте сундучок и поместите его в зону процветания вашего дома или бизнеса (зона процветания находится слева внизу).*

### *Сущность процветания*.

*Вам потребуется:*

- *Флаконы с вашими любимыми духами*

- *5 капель эссенции корицы*

- *7 капель эссенции сандалового дерева*

- *9 капель розовой эссенции*

- *11 капель медовой эссенции*

- 3 коричный ладан

- 3 золотые свечи.

Для того чтобы это заклинание было эффективным, необходимо произнести его в пятницу в момент планеты Юпитер.

Во флакончик для духов, которым вы пользуетесь ежедневно, поместите все капли эссенции и хорошенько перемешайте их. Зажгите три благовония.

Свечи расположите в форме пирамиды, а ручку поместите в середину.

При этом мысленно повторяйте все благословения, которые вы желаете, чтобы пришли в вашу жизнь, связанные с материальным благополучием. Оставьте это место до тех пор, пока свечи не догорят.

Ваши духи уже освящены для изобилия. Все, что вам нужно сделать, — это использовать его.

**Ключи к изобилию.**

Вам потребуется:

- 3 старых ключа

- 1 счет для текущего использования

*- 1 зеленая свеча*

*С помощью трех ключей сформируйте пирамиду, поместите купюру в центр и зажгите свечу.*

*Во время выполнения этой операции мысленно повторяйте следующую аффирмацию: "Богатство приходит ко мне, потому что эти ключи открывают для меня двери безграничного изобилия".*

*Когда свеча догорит, спрячьте ключи в благополучном углу вашего дома.*

## **Атома Изер Избыток**

*Для того чтобы этот ритуал был наиболее эффективным, его следует проводить в четверг, пятницу или воскресенье в период действия планеты Венера или Юпитер.*

*Вам потребуется:*

*- Вода Флориды*

*- 1 палочка корицы*

*- Апельсиновая корка*

*- Вода полнолуния*

*- 1 ручка распыления*

- *1 золотая лента*

- *7 монет*

- *1 золотая свеча*

*В течение 10 минут кипятить воду с палочкой корицы и цедрой апельсина. Оставьте настаиваться в прохладном темном месте на три дня. Затем добавьте Aguaflorida и залейте в распылитель. Разложите семь монет по кругу вокруг распылителя.*

*В центре зажгите золотую свечу. При этом повторяйте вслух: "Изобилие приходит ко мне, деньги в изобилии, все мои потребности удовлетворены". Когда свеча догорит, привяжите золотую ленточку к распылителю и опрыскайте все вокруг, что связано с деньгами.*

### Лучшие страны и города для жизни

**Страны:** *Индия, Мексика, Афганистан, Босния, Албания, Литва, Куба, США, Гватемала и Болгария.*

**Города:** *Дели, Мехико, Баха Калифорния, Брюссель, Бранденбург, Оксфорд, Констанца, Пуна-Кана, Рим, Галисия, Мадрид.*

## Инессы и эфирные масла за деньги

*Благовония и эфирное масло "Белый шалфей". Используется для защиты и снятия стресса, поэтому хорошо подходит для бизнеса.*

## Растения за деньги

**Тимьян**: *растение, которое веками использовалось для очищения воздуха и устранения негатива.*

## Кварц для денег

**Цитрусовый кварц**: *он известен как камень изобилия.*

*Он обладает большой магнетической силой, связан с удачей в делах и гарантией занятости.*

Он прекрасно подходит для подготовки ритуалов и амулетов в период тяжелых испытаний или финансовых потерь.

## Денежные брелоки

**Потекли Юпитера, которые гарантируют вам процветание.**

Потекли - магические фигуры, способные передавать положительные энергии окружающему миру. Действие пента клей Юпитера проистекает из сочетания букв, знаков и благотворных формул, они графически и мистически символизируют желание. Они явно действуют на психику людей, имеющих с ним визуальный контакт.

Самый большой сборник пента клей содержится в "Ключниках царя Соломона" - сборнике по высшей магии, приписываемом этому библейскому царю. В нем 36 пента клей, имеющих различное назначение, и среди них - семь пента клей Юпитера.

## *Потекли для процветания.*

*Цель этих пента клей - обеспечить изобилие, разрешить конфликты на работе и помочь вам более непосредственно воспринимать всевозможные блага, дарующие большее процветание.*

*Юпитер, так называемый Великий бенефис в астрологии, — это планета, связанная с экспансией, оптимизмом, связями с влиятельными людьми и способностью приносить удачу.*

*Рисовать их нужно с большой концентрацией и с намерением, чтобы они проявили вашу волю. Наиболее подходящим материалом является лист пергамента.*

*После завершения работы их следует повесить на видное место, например, на кассу или в бумажник (можно распечатать).*

## *Аффирмации для получения денег*

*Выполнять эти указы нужно в течение 21 дня, чтобы увидеть результат, по возможности три раза в день. Если вы будете повторять их вслух, то они будут более действенными.*

*Выполнять эти указы нужно в течение 21 дня, чтобы увидеть результат, по возможности три раза в день. Если вы будете повторять их вслух, то они будут более действенными.*

*Выполнять эти указы нужно в течение 21 дня, чтобы увидеть результат, по возможности три раза в день. Если вы будете повторять их вслух, то они будут более действенными.*

*Выполнять эти указы нужно в течение 21 дня, чтобы увидеть результат, по возможности три раза в день. Если вы будете повторять их вслух, то они будут более действенными.*

## *Отдых*

*Отпуск приносит физическую и психическую пользу. Доказано, что отдых снижает уровень стресса и способствует укреплению иммунной системы. Иногда планирование отпуска вызывает стресс, потому что вариантов бесконечное множество и принятие решения становится химерической задачей.*

*Используя астрологию, понимание вашей личности позволяет определить идеальное для вас место отдыха.*

***Овнам*** *идеально подойдет курорт "все включено" с активным отдыхом в теплом месте, например, в Пунта-Кане, Канкуне или на островах Теркс и Кайкос. Австралия - захватывающая страна, которая предлагает массу эмоций, заставляющих сердце биться.*

***Тельцу*** *очень понравится отдых на роскошном курорте на острове Кайман или роскошный отдых в Дубае, в отеле со всеми удобствами. Италия - идеальная страна, потому что здесь вы найдете все, о чем всегда мечтали: любовь,* очарование, роскошь, прекрасную кухню и первоклассные вина.

**Близнецы** любят чувствовать себя интеллектуально вовлеченными. Путешествия с экскурсиями, например сафари в Африке или изучение видов Галапагос ких островов, предлагают зодиакальному коммуникатору роскошные впечатления.

**Рак**, короткие поездки в окружении семьи и друзей. Одним из вариантов является Диснейленд, где можно насладиться аттракционами и разнообразной кухней. В Орландо, штат Флорида, есть множество фантастических отелей и курортов, каждый из которых имеет свою уникальную и увлекательную тематику.

**Лев**, для этого знака фантастически подходит проживание в бунгало над морем на Таити. Альтернативой роскоши, которую любит Лев, может стать аренда частного тропического острова на Мальдивах, Фиджи или Виргинских островах.

**Дева**, Италия - ваш лучший вариант. В этой стране вы найдете себе занятие по душе. Как земной знак, вы связаны с окружающим миром, и такие места, как Ла-Романа в Доминиканской Республике, Пуэрто-Веха в Коста-Рике и Белу-Оризонте в Бразилии, вдохнут в вас жизнь.

**Весы**, выбирайте города с музеями. Тропический отдых не принесет Весам такого удовлетворения, как посещение Лувра в Париже, музея Акрополя в Афинах (Греция), музея Прадо в Мадриде (Испания) или галереи Уффици во Флоренции (Италия).

**Скорпион**, проведите несколько дней на уединенном пляже с алкоголем и массажем. В Греции, на Бали, Сен-Мартене или Гавайях вы найдете все эти предметы роскоши. Посещение объектов культурного наследия, расположенных неподалеку от вашего роскошного отеля, станет необычным сочетанием тропического и культурного отдыха. Мешконос и Рода в Греции - идеальные места для этого.

**Стрелец**, исследуйте Камина де Сантьяго - сеть совершенно разных путей, ведущих в город Сантьяго де Компостера. Каждый путь имеет свою историю, наследие и магию. Стрелец -

путешественник, жаждущий новых впечатлений, поэтому в Ирландии вы найдете все, что ищете.

**Козерог -** целеустремленный знак. Отпуск, во время которого можно завязать новые деловые отношения. Китай был бы впечатляющим. У Козерогов есть чувство исторической ценности, которого нет у других знаков, поэтому такие страны, как Израиль и Египет, где присутствует история, позволят Вам чувствовать себя как дома.

**Водолей** любит новые идеи, неизведанные места и новые отношения. Фантастической страной для посещения может стать Япония не только из-за ее удивительной истории и культуры, но и потому, что каждый из ее регионов может предложить что-то свое.

**Рыбы -** водный знак, которому по душе тропический отдых. Идеальным вариантом будет отель на берегу моря. Остров "Ла Дик" в Республике Сейшельские Острова, возможно, самый красивый пляж в мире, будет иметь несомненный успех. Рыбы, обладающие спокойным взглядом на жизнь, под управлением Нептуна -

*творческий мыслитель. Швеция - страна, которую ему стоит посетить, потому что там он найдет такую же новаторскую культуру, как и он сам.*

### *Кто является вашей второй половинкой в соответствии с вашим знаком зодиака?*

*Когда мы слышим термин "родственные души", мы обычно думаем о них как о членах пары, т. е. о тех, с кем вас связывает сильная сентиментально-сексуальная связь. Однако настоящие родственные души не всегда относятся друг к другу с этой точки зрения, а зачастую даже не заинтересованы в сексуальном аспекте отношений.*

*Вашей родственной душой может быть не только ваш партнер, но и ваш родитель, друг, ребенок, бабушка, дедушка, начальник или сестра.*

*С астрологической точки зрения и с учетом того, что уроки, которые мы должны усвоить перед выходом на новый духовный уровень, определяют тип аффективных отношений, которые нам необходимо развивать в жизни сегодня, можно сказать, что Рак и Рыбы являются родственными душами Овна.*

*С Раком и Рыбами Овен может не только лучше концентрироваться и разрешать конфликты без насилия, но и развивать эмпатию, то есть способность ставить себя на место другого и учиться делиться.*

Эти два знака не любят конфликтов, а если они и возникают, то они предпочитают диалог любому эпизоду жестокости.

Овен может научить Рака и Рыб не нуждаться в одобрении окружающих, быть более рискованными, не пытаться угодить всем, т. е. быть более напористыми.

Чувственный Телец, враг перемен, врожденный родственник инерции, имеет в качестве родственной души Стрельца и Близнецов - два знака, которые знают, что жизнь — это увлекательное, но не статичное путешествие.

Они могут научить Тельца тому, что не нужно оставаться там, где не нужно, боясь неопределенности, и что всегда будут возникать ситуации или обстоятельства, которых мы не ожидаем и которые не в нашей власти изменить. Тельцу также есть чему научить эти знаки.

Уроки силы воли, чтобы иметь обязательства перед другими людьми, быть преданным тому, что они делают, и продолжать до конца с упорством, без спешки и медлительности. Иметь принципы и быть благоразумным.

Лев может сбалансировать много кармы со своими родственными душами, принадлежащими к Весам и Водолею.

*Лев может упрямо придерживаться ошибочной идеи или убеждения из тщеславия; Весы и Водолей знают, что за эгоцентричным человеком скрывается низкая самооценка.*

*Весы научат Льва хладнокровию и терпимости, использованию аргументации и дипломатии для поддержания ровного общения. Водолей, противоположный Льву знак, наделенный объективностью и справедливостью суждений, так как не подвержен предрассудкам, научит Льва видеть сердца людей, предлагать им свое плечо и говорить сочувственные слова в трудную минуту.*

*Лев никогда не колеблется при принятии решений, а если и колеблется, то не проявляет этого, что Весам следует практиковать.*

*Верность - отличительная черта Льва, неизвестная Водолею, и маленькие львята могут давать ему уроки нравственности.*

*У Дев, известных как перфекционисты из-за их огромного страха перед неудачей, родственными душами являются Скорпион и Козерог. Дева любит быть строгой в своих решениях и имеет прототип практически во всех аспектах своей жизни. Такая избирательность мешает им следовать за движением жизни.*

*Дева будет буквально разрывать весь проект на части, если посчитает, что он изначально не был идеальным, чего Козерог никогда не сделает, так как его видение позволяет ему увидеть, что всегда можно принять альтернативные меры, и не начинать все сначала.*

*Козерог - знак, уверенный в собственном пространстве, он не принимает бессмысленных решений, как это иногда делает Дева.*

*С другой стороны, Скорпион может смягчить худшее и усилить лучшее в Деве. Скорпион и Дева имеют практический подход к жизни, однако Скорпион гораздо более жизнелюбив, чем Дева. Скорпион принесет решительность, которой не хватает Деве, а Дева - контроль и рациональность страстному Скорпиону.*

*Дева сделает Козерога более приятным и игривым на своей стороне, изолируя его от той излишней серьезности, которую он часто демонстрирует на своем лице.*

## *Безумие*

*На протяжении всей истории человечества безумие представало перед нами как неясная, загадочная и противоречивая истина. Оно пугало нас, мы его игнорировали и даже принимали, и в результате люди, которые якобы страдали от него, отвергались, уничтожались и почитались.*

*Любое поведение, не согласующееся с нашими рассуждениями, — это не обязательно акт безумия, но иной способ действия.*

*Ошибкой будет, если мы, испытывая угрызения совести или раздражение от поступков или безрассудства других людей, прогоним их, поскольку это не сделает нас более разумными, уравновешенными или совершенными, а, наоборот, сделает такими же сумасшедшими.*

*Определение безумия так же сложно, как и определение здравомыслия, но все знаки Зодиака имеют свою степень безумия.*

*__Рак__: они темпераментны. Это приводит к тому, что они обладают непонятной для постороннего взгляда личностью. Популярность сумасшедшие заслужили благодаря своему непостоянному* характеру, который иногда мешает окружающим.

**Скорпион:** *для счастья им нужны перемены, они могут совершать безумные поступки только для того, чтобы получить хоть какую-то отдачу. Для них вспышка — это нормально, потому что они зависимы от перемен и неистовства.*

**Рыбы:** *невозможно, чтобы они не заразили вас своим безумием. Их нестабильность и неуравновешенность беспокоят окружающих. Они видят все в радужном свете, из-за чего их называют сумасшедшими, потому что они всегда парят на облаке.*

**Близнецы:** *славятся своей двойственностью. Иногда они находятся в конфликте с самими собой. Им нравятся вызовы, связанные с опасностью. Они любят планировать импровизированные приключения и всегда готовы перейти границы максимального безумия.*

**Лев**: *когда огонь поселяется в их голове, им кажется, что все, что окружает их жизнь, важнее всего остального. Они экстравагантны и* придерживаются взглядов, которые для других считаются безумными. Они могут совершать поступки, которые разумный человек никогда бы не совершил.

**Овны:** они расстраивают себя и всех окружающих. Они упрямы и любят быть первыми во всем, даже если для этого им приходится совершать безумные поступки. Они не знают, как взять свои слова обратно, что приводит их к иррациональным поступкам.

**Водолей:** Бунтарский и свободный знак, которому нисколько не важно, какое мнение о нем сложится. Он ведет себя капризно, с безумными взглядами, ломающими парадигмы.

**Стрелец:** Он весел, но жесток в своем стремлении к действию. Они не умеют соизмерять последствия своих действий, что многие считают безумием. Не странно видеть их совершенно необузданными, переходящими границы безответственности.

**Весы:** они жаждут счастья и гармонии, и чтобы получить их, готовы пойти на любые безумства. Они нестабильны, и это заставляет их нарушать *взятые на себя обязательства, что многие считают безумием.*

*__Дева:__ они впадают в крайности и становятся навязчивыми. Их представление о том, чего они хотят, написано на камне, никто не может дать им совет, они не дают себя направлять. Когда их не слушают, они совершают различные глупости.*

*__Телец__: когда в их голове рождается идея, никто не в силах ее прогнать, они даже совершают безумные поступки, чтобы подтвердить свою гипотезу. Попробуйте испытать их терпение, и вы узнаете, как далеко заходит уровень их безумия.*

*__Козерог__: Он абсолютно ничего не забывает, не прощает и тем более не забывает, если вы сделали что-то не так, не волнуйтесь, потому что он будет напоминать вам всю жизнь, чтобы свести вас с ума. Козерог безумно одержим идеей контроля.*

### *Психология, лежащая в основе лотереи.*

*Лотерейные игры очень популярны во всем мире.*

*У каждого из нас есть несбыточная мечта выиграть в лотерею, ведь иллюзия стать миллионером благодаря удаче, даже если шансы минимальны, - главная причина, по которой люди играют.*

*Игроки считают, что стоимость лотерейного билета по отношению к прибыли, которую они получат в случае выигрыша, ничтожно мала. Мы всегда воспринимаем риск эмоционально, и если он приносит нам удовольствие, то мы склонны считать риск незначительным и нейтрализовать эмоцию опасности, сосредоточившись только на выгоде.*

*Игроки рассматривают лотерею как уникальную возможность получить вознаграждение, вложив небольшие деньги и практически не подвергаясь риску.*

*Игры имеют как традиционные, так и суеверные аспекты. Некоторые люди всегда играют в одни и те же числа, потому что они их любимые, связывают их со знаменательной датой или они им приснились.*

*Другие играют в определенное время, день или место. Когда мы думаем, что контролируем ситуацию, мы чувствуем себя уверенно, потому что, когда мы сами выбираем числа, а не играем наугад, хотя шансы оказаться правым одинаковы, у нас создается впечатление, что мы управляем судьбой, и шансы складываются в нашу пользу.*

*Есть люди, которые играют только ради удовольствия, в таких случаях лотерея выходит за рамки экономических затрат, превращаясь в развлечение, которое оживляется, когда они прикидывают, что можно сделать на приобретенные деньги.*

**Существует пять психологических описаний отдельных игроков в лотерею:**

**Авантюрист**, *которого завораживают игры с большими суммами денег, спекуляции со случайными числами и с запланированными.*

**Конкурент**, *который настойчиво стремится показать себя через азартные игры, что он ставит на победу.*

**Жадный**, *не имеющий границ в азартных играх и не боящийся рисковать при ставках.*

**Тактик**, никогда не играя рискованно, ищет тактику, стратегию и числовые наборы при игре с числами.

**Суеверный человек**, который всегда играет одни и те же комбинации чисел, использует талисманы, ритуалы или покупает билеты на определенную дату и в определенном месте.

Существует ли хитрость или формула выигрыша в лотерею?

Этот вопрос до сих пор остается без ответа. Многие предполагают и утверждают, что вероятность того, что вас ударит молния, выше, чем вероятность выиграть в лотерею. Другие же с большим упорством и тонкостью изучают шансы.

Игра в лотерею, да и любая другая азартная игра, если она ведется в меру, — это дешевый способ приобрести иллюзии и уверенность в завтрашнем дне. Сложность возникает тогда, когда человек не контролирует свои порывы к игре, порождая зависимость от азартных игр и впадая в компульсивный гэмблинг.

 Игроман — это человек, которому азартные игры доставляют большие трудности на работе и в семейных отношениях, поскольку проигрыши побуждают его играть на более крупные суммы с целью вернуть потерянные деньги. Это *становится замкнутым кругом, и единственным способом его разрешения является психотерапевтическое лечение.*

### *Лучшие подарки для знаков зодиака*

*Подарок — это универсальный способ показать, что мы заботимся о человеке и ценим его, но покупка подарка может стать сложной задачей, а для некоторых - настоящей головной болью.*

*Планеты могут помочь вам один раз, зная знак зодиака человека, вы сможете сделать идеальный подарок.*

***Огненные знаки: Овну, Льву и Стрельцу*** *нравятся подарки, которые заставляют их чувствовать свою значимость, связанные со спортом, путешествиями, техникой.*

*Этим знакам очень понравится профессиональный цифровой фотоаппарат, последняя модель iPhone, билет на самолет с включенным отелем в экзотическое туристическое место или с историческим прошлым, деловая литература, спортивная одежда или тренажеры, лотерейные билеты, бутылки изысканного вина и эксклюзивная брендовая обувь.*

***Тельцы, Девы и Козероги,*** *принадлежащие к стихии Земли, иногда бывают традиционны, но* это не значит, что им не нравятся подарки от признанных брендов.

Их порадует картина известного художника, ремень или портфель для хранения рабочих бумаг, бумажник с их инициалами, фирменная парфюмерия, массаж или процедуры для тела, домашнее животное, халаты, уютные пижамы или даже аром диффузоры.

***Воздушные знаки: Близнецы, Весы и Водолей -*** не материалисты, и функциональность подарка для них гораздо важнее цены. Их воображение богато, и все, что стимулирует эту способность, им нравится.

*Сотовый телефон, компьютер или IPad, книги по личностному росту, духовности, философии и альтернативным методам лечения, курсы самопомощи и расширения экономических возможностей, телескоп, билеты в оперу или театр, животное, которое не нужно держать в клетке, кварц, эфирные масла, благовония и одеколон после ванны будут высоко оценены этими знаками.*

***Рак, Скорпион и Рыбы,*** *водные знаки, будут в восторге от персонализированных подарков.*

*Посуда для приготовления пищи, романтический ужин на пляже под луной, расслабляющий массаж в спа-салоне, смелое нижнее белье, тапочки или удобный диван для просмотра телевизора, бутылка шампанского, ароматические свечи, амулеты, книги по астрологии, набор карт Таро, лосьоны, духи и косметические принадлежности, вино, печенье, консервы и всевозможные деликатесы - вот список подарков, которые эти знаки примут с большим удовольствием.*

*Дарить подарки — это благословение, это жест щедрости; дарение подарков — это символический акт, который представляет собой комплимент, внимание к тому, кого мы хотим порадовать, и символизирует привязанность, которую мы исповедуем.*

*Когда мы дарим подарки, отношения улучшаются и укрепляются, появляется радость.*

### *Знаки зодиака и их страхи.*

*Двенадцать знаков Зодиака символизируют двенадцать основных архетипов человеческой личности, но в то же время они являются психологическими прототипами, поэтому каждый из знаков Зодиака обладает совершенно конкретным и личностным страхом.*

*Давайте вспомним, что страх — это важнейший механизм тревоги и защиты человека. Он становится проблемой только тогда, когда становится чрезмерным.*

*Страхи — это неуверенность в себе, и иногда мы проецируем их на противоположные действия, как в случае со знаком **Овна, который** известен своей железной волей, ничто и никто его не парализует. Они любят все контролировать, а их самый укоренившийся страх - потерпеть неудачу или попросить о помощи, поскольку для них это синоним слабости.*

***Телец*** *- самый упрямый из земных знаков. Их пугают перемены, а также нехватка денег, они всю жизнь копят, потому что их пугает бедность.*

**Близнецы**, коммуникаторы Зодиака, немного тревожны и неуверенны в себе, они стараются привлечь к себе внимание, потому что боятся выглядеть скучными. Законные дети Луны, Раки любят свою зону безопасности, потому что там их никто не может обидеть, они боятся одиночества и отверженности.

**Лев**, король зодиака, лидеры и храбрецы, не рождены для того, чтобы проигрывать. Их самый укоренившийся страх - остаться незамеченными; они предпочитают, чтобы о них говорили плохо, но не игнорировали.

Мастер аккуратности **Дева** иногда становится навязчивым в вопросах здоровья, поэтому они ипохондрики. Их главный страх - заболеть, но больше всего их пугает неорганизованность.

 Исключительно интеллектуальные **Весы** нерешительны, и в этом кроется их главный страх - принимать решения. Другой их страх - одиночество.

Загадочные и обольстительные **Скорпионы** обладают памятью слона, они боятся предательства и, если вы сделаете что-то, что им не понравится, они будут скрывать это от вас вечно. Никогда не храните секреты от Скорпиона.

Авантюрист по знаку зодиака, **Стрелец** боится обязательств, потому что их требования ужасают. Они очень веселы, но за улыбкой скрывается страх быть обманутым.

Требовательные до крайности, **Козероги** никогда не отступают от своих целей; их главный страх - совершить ошибку, особенно на профессиональном уровне. Они самоотверженны и боятся не достичь своей мечты.

Бунтари и **утописты-Водолеи** боятся потерять свободу, это означало бы утрату собственной сущности. У них всегда много дружеских связей, но ни одна из них не связывает их. Они нуждаются в группе, но не хотят, чтобы группа нуждалась в них.

Мир - синоним **Рыб**, они ненавидят конфронтацию. Сострадательные до глубины души, они боятся видеть, как страдают другие.

*Они немного неуверенны в себе, испытывают страх сцены и боятся отказа.*

*В некоторых старых книгах по астрологии Сатурн полностью отвечает за страх в натальной карте, я же считаю, что для возникновения страха необходимо проявление союза нескольких планет с соответствующими энергиями.*

*То есть страхи представлены несколькими планетами, связанными аспектами, нет конкретной планеты, которая обязательно связана с развитием того или иного вида страха.*

## *Луна в Козероге*

*Луна в Козероге работает на ментальном и эмоциональном уровне, им присущи чувство ответственности и склонность к независимости.*

*Эти люди должны научиться принимать помощь от других; эмоциональная связь не является признаком слабости. Они защищают тех, кого любят, и стараются обеспечить им безопасность, создавая границы, но эти границы работают на создание эмоциональной дистанции.*

*Эта Луна чувствует угрозу в ситуациях, не имеющих определенной структуры, а когда она не знает, как реагировать, то чувствует себя очень неуютно. Обычно она чувствует угрозу, когда на нее давят, требуя проявить свои чувства. Она предпочитает делать это ответственно. Когда эти люди чувствуют угрозу, они инстинктивно строят стену.*

*Обычно такие люди автоматически ищут авторитетного человека, а если не находят, то берут эту роль на себя и навязывают контроль.*

*Люди с Луной в Козероге очень интенсивно переживают весь спектр эмоций. Однако они постоянно озабочены тем, чтобы найти подходящий способ сделать это.*

*Эти люди выглядят холодными и сдержанными, но это не значит, что у них нет чувств. Это означает, что они просто ищут подходящий способ выразить свои чувства. Чем больше угрозы они чувствуют, тем больше барьеров они строят, чтобы скрыть свои эмоции.*

.

## *Значение знака Асцендент*

*Солнечный знак оказывает большое влияние на то, кто мы есть, но Асцендент — это то, что действительно определяет нас, и это даже может быть причиной того, что вы не идентифицируете себя с некоторыми чертами вашего знака Зодиака.*

*Действительно, энергия, которую дает вам ваш солнечный знак, заставляет вас чувствовать себя не так, как все остальные люди, поэтому, когда вы читаете свой гороскоп, вы иногда чувствуете себя идентифицированным и придаете смысл некоторым предсказаниям, и это происходит потому, что он помогает вам понять, что вы можете чувствовать и что с вами произойдет, но он показывает вам только процент того, что может быть на самом деле.*

*С другой стороны, Асцендент отличается от солнечного знака тем, что он отражает то, кем мы являемся на поверхностном уровне, то есть то, как другие видят вас, или энергию, которую вы передаете людям, и это настолько реально, что вы можете встретить человека и, предсказав его знак, обнаружить его асцендентным знак, а не солнечный.*

 В целом, характеристики, которые вы видите в человеке при первой встрече, — это Асцендент, но поскольку наша жизнь зависит от того, как мы относимся к другим людям, Асцендент оказывает большое влияние на нашу повседневную жизнь.

Объяснить, как рассчитывается или определяется восходящий знак, довольно сложно, поскольку он определяется не положением планеты, а знаком, который восходил на восточном горизонте в момент вашего рождения, в отличие от вашего солнечного знака, который зависит от точного времени вашего рождения.

Благодаря технологиям и Вселенной сегодня узнать эту информацию проще, чем когда-либо, конечно, если вы знаете время своего рождения, или если вы имеете представление о времени, но запас не превышает нескольких часов, потому что существует множество сайтов, которые производят расчеты путем ввода данных, astro.com - один из них, но их бесконечное множество.

Таким образом, читая свой гороскоп, вы можете также прочитать свой Асцендент и узнать больше индивидуальных деталей. Вы увидите, что с этого момента, если вы будете делать это, ваш способ чтения гороскопа изменится, и вы будете знать, почему этот Стрелец такой скромный и пессимистичный, если на самом деле он такой преувеличенный и оптимистичный, и это, возможно, потому, что у него Асцендент Козерога, или потому, что этот коллега Скорпион всегда говорит обо всем, без сомнения, у него Асцендент Близнецов.

Я собираюсь обобщить характеристики различных Асцендентом, но это также очень общая характеристика, поскольку эти характеристики изменяются планетами в соединении с Асцендентом, планетами, аспектирующими Асцендент, и положением планеты-управителя знака на Асцендент.

Например, человек с Асцендентом Овна, у которого управляющая планета Марс находится в Стрельце, будет реагировать на окружающую среду несколько иначе, чем другой человек, также с Асцендентом Овна, но у которого Марс находится в Скорпионе.

Точно так же человек с Асцендентом Рыб, имеющий соединение с Сатурном, будет "вести себя" иначе, чем человек с Асцендентом Рыб, не имеющий этого аспекта.

Все эти факторы изменяют Асцендент, астрология очень сложна, и гороскопы не читаются и не составляются с помощью карт Таро, поскольку астрология — это не только искусство, но и наука.

*Часто можно спутать эти две практики, и это связано с тем, что несмотря на то, что это два совершенно разных понятия, они имеют ряд общих моментов. Одним из таких общих моментов является их происхождение, которое заключается в том, что обе процедуры известны с древнейших времен.*

*Они также схожи по используемым символам, так как в обоих случаях речь идет о неоднозначных символах, которые необходимо интерпретировать, что требует специального чтения и обучения, чтобы знать, как интерпретировать эти символы.*

*Различий тысячи, но одно из главных состоит в том, что если в Таро символы совершенно понятны на первый взгляд, являясь образными картами, хотя и необходимо знать, как их хорошо интерпретировать, то в астрологии мы наблюдаем абстрактную систему, которую необходимо знать прежде, чем интерпретировать, и, конечно, надо сказать, что, хотя мы и можем распознать карты Таро, любой человек не может их правильно интерпретировать.*

*Толкование также является отличием этих двух дисциплин, поскольку если в таро нет точной привязки ко времени, так как карты располагаются во времени только благодаря* вопросам, задаваемым в соответствующем раскладе, то в астрологии есть привязка к конкретному положению планет в истории, и системы толкования, используемые в обеих дисциплинах, диаметрально противоположны.

Астрологическая карта — это основа астрологии и самый важный аспект для составления прогноза. Чтобы чтение было успешным и позволило узнать больше о человеке, астрологическая карта должна быть идеально проработана.

Для составления карты рождения необходимо знать все данные о рождении человека, о котором идет речь.

 Он должен быть точно известен, начиная с точного времени его доставки и заканчивая местом, где он был выполнен.

 Положение планет в момент рождения покажет астрологу те точки, которые необходимы ему для составления карты рождения.

Астрология — это не только знание своего будущего, но и знание важных моментов своего существования, как настоящего, так и прошлого, чтобы принимать более правильные решения для определения своего будущего.

*Астрология поможет вам лучше узнать себя, чтобы изменить то, что мешает вам, или усилить свои качества.*

*И если астрологическая карта является основой астрологии, то гадание на таро является основополагающим в последней дисциплине. Как и от того, кто составляет астрологическую карту, от провидца, который составляет расклад Таро, зависит успех вашего чтения, поэтому лучше всего обратиться к рекомендованным гадателям, и хотя, конечно, вы не сможете ответить конкретно на все вопросы, которые задаете себе в жизни, правильное чтение расклада Таро и карт, которые выходят в раскладе, поможет сориентироваться в решениях, которые вы принимаете в своей жизни.*

*Таким образом, и астрология, и таро используют символизм, но главный вопрос заключается в том, как весь этот символизм интерпретируется.*

*человек, действительно владеющий обеими техниками, несомненно, окажет большую помощь тем, кто обратится к нему за советом.*

## *Асцендент в Козероге*

*Асцендент в Козероге обладает сильной этикой и моралью. Это серьезные люди, которые обычно руководствуются законами и установленными правилами.*

*Создается впечатление, что они способны решить любую задачу, которую ставят перед собой, и что они достаточно ответственны для любой должности, требующей ответственности. Это ошибочно воспринимается как холодный вид, что не соответствует действительности.*

*Некоторые из них имеют проблемы с самооценкой, они уверены в своих силах или неуверенны в себе. Недостаток самоуважения заставляет их не принимать замечания или критику со стороны окружающих, даже если они высказаны из лучших побуждений.*

*Асцендент в Козероге нуждается в самоутверждении и во многих случаях - в подтверждении извне.*

*Они знают об окружающем мире и умеют наслаждаться радостями жизни. Они смотрят на жизнь, стоя на земле.*

*При установлении стабильных отношений этот Асцендент проявляет заботу и восприимчивость к эмоциональным потребностям партнера.*

*Они являются экспертами в области организации и управления временем, поэтому ставят перед собой четкие цели и умеют их достигать.*

### Овен - Асцендент Козерог

*Козероги с Асцендентом Овна очень предусмотрительны, для них характерно тщательное планирование всех шагов и их благоразумное выполнение. Они начинают планировать свою жизнь с детства и упорно трудятся, пока не достигнут поставленных целей.*

*Прагматизм Козерога и огонь Овна придают им самообладание в сентиментальных отношениях. Это люди, которые кажутся отстраненными, но, если кто-то проявляет ласку и сочувствие, они сразу же покоряют его.*

### Телец - Асцендент Козерог

*Козерог с Тельцом на Асцендент — это люди, которые стремятся к своим целям и не останавливаются, пока не достигнут их.*

*В бизнесе они профессиональны, обладают большим терпением, и даже если они медлят, то добиваются того, что задумали.*

*Этот Асцендент высоко ценит честность и щедрость в сентиментальных отношениях и всегда старается сохранить страсть.*

*Иногда этот Асцендент может быть слишком дерзким в отношениях, что приводит к разочарованиям.*

### *Близнецы - Асцендент Козерог*

*Близнецы с Асцендентом в Козероге - уравновешенные и магнетические люди, обладающие прагматичным умом.*

*Это общительные люди, которые отдаются работе душой и телом.  Они очень хорошо проявляют себя в роли лидеров.*

*Серьезность Козерогов в сентиментальных отношениях вступает в противоречие с непостоянством Близнецов, поэтому им трудно найти партнера, который соответствовал бы всем их требованиям.*

*Иногда они могут быть излишне критичны и негативно настроены.*

### Рак - Асцендент Козерога

*Рак Асцендент Козерог - нежный, верный и чувствительный человек.*

*Им очень легко найти партнера, а семья для них - ключ к самореализации.*

*На работе они нестабильны, но стремятся к успеху. В отношениях они очень озабочены выполнением своей семейной роли.*

*Во многих случаях они могут слишком сосредоточиться на работе и отказаться от эмоциональной составляющей, уйдя в одиночество.*

### Лев - Асцендент Козерог

*Лев Асцендент Козерог - привлекательные люди с очень сильным характером. На работе они очень ответственны, и когда они преданы своему делу, они могут его выполнить, даже если перед ними стоят тысячи задач.*

*В романтических отношениях им нравится, когда ими восхищаются и принимают, поэтому они вступают в отношения только в том случае, если уверены, что они будут взаимными.*

*Эти люди могут быть движимы алчностью и обольщены властью.*

### *Дева - Асцендент Козерог*

*Козероги с восходящим знаком Девы очень четко формулируют свои цели и никогда не увлекаются пустыми обещаниями. Они обладают большими умственными способностями, а в работе практичны, пунктуальны, выдержаны, и то, что предлагают, то и выполняют.*

*В любовных отношениях им необходимо все контролировать, и это вызывает неуверенность в себе. Некоторые из них высокомерны.*

### *Весы - Асцендент Козерог*

*Весы с Асцендентом в Козероге - ответственные люди и любят общаться.*

*На работе их отличает целеустремленность, они всегда имеют четкие и хорошо поставленные цели.*

*В любви они трусливы или стесняются выразить свои чувства. Они любят спокойную жизнь с партнером, который их дополняет, но боятся отказа.*

*Такие люди иногда жаждут власти и отказываются от аффективных отношений.*

### *Скорпион - Асцендент Козерог*

*Козероги с Асцендентом Скорпиона - люди, которые любят компанию, но высоко ценят свою индивидуальность.*

*На работе они упорно трудятся и концентрируют все свои усилия на продвижении и достижении поставленных целей.*

*В сентиментальных отношениях они материалистичны, и им трудно проявлять свои чувства. Терпение по отношению к ним — вот формула удовлетворительных отношений.*

*Иногда такие люди настроены негативно и в итоге становятся зависимыми.*

### *Стрелец - Асцендент Козерог*

*Козероги с Асцендентом Стрельца - филантропические и эмоционально зрелые люди.*

*На работе они самоотверженно выполняют свои обязанности, демонстрируя уровень самоотдачи и преданности каждой поставленной цели.*

*В аффективных отношениях они очень сдержанны, им трудно устанавливать связи, поскольку они склонны идеализировать платонические отношения. Их привлекают сложные люди в надежде завоевать их любовь.*

*Они могут быть излишне критичны и увлекаться удовольствиями жизни.*

### Козерог - Асцендент Козерога

*Козерог Асцендент Козероги - люди с очень высокой самооценкой и прагматичные.*

*На работе они постоянно мотивированы и стремятся достичь успеха в своей профессии. Они расставляют приоритеты в работе и являются перфекционистами.*

*В сентиментальной сфере они требовательны, но если находят верного человека, то отдают все, чтобы позаботиться об отношениях.*

### Водолей - Асцендент Козерог

*Козерог с Водолеем на Асцендент — это люди, обладающие редким сочетанием логики и эмоций. Эти люди независимы во всех отношениях, они успешны и умели.*

*В профессиональной сфере их отличает творческий подход, они очень предприимчивы, хотя иногда соблазняются рискованными предприятиями.*

*В своих сентиментальных отношениях они иногда проявляют абсурдное отношение, поскольку* хотят стабильности, но в то же время свободы и приключений. Именно поэтому им трудно оформить отношения.

### *Рыбы - Асцендент Козерог*

*Козероги на Асцендент Рыб - очень интуитивные и рациональные люди. В своей профессии они создают связи с коллегами, что позволяет им быстро продвигаться по карьерной лестнице.*

*В романтических отношениях они зрелые и ответственные, но иногда доверяют не тому человеку.*

### *Сатурн в Рыбах - одно из важнейших астрологических событий.*

*7 марта 2023 года стало одним из самых важных дней в астрологическом календаре этого года. Сатурн, суровый учитель и повелитель кармы, вступил в противоборство с Рыбами, мечтателями. Нынешний транзит Сатурна в Рыбах, который продлится до февраля 2026 года, оказался не самым приятным.*

*Сатурн - планета ответственности и строгой власти, дисциплинирующая и структурирующая нас во время своих транзитов по знакам Зодиака. Сатурн хочет убедиться в том, что мы достигаем своих целей, и когда эта планета проходит через Рыб, самый духовный знак, нам будут сделаны некоторые важные предложения.*

*Плутон и Сатурн, смещаясь в таком унисоне, вызовут гигантский энергетический вулкан и гарантированно станут незабываемым периодом. Это может показаться формулой битвы, но такое энергетическое сочетание может быть эффективным и прибыльным.*

*Сатурн в Рыбах не удовлетворен. Ему трудно создавать структуры и строить реальность, когда все смещается. Рыбы - двойственный знак, поэтому он может выражать себя* противоположными способами; он может быть как трансцендентным, так и практичным. Есть вероятность, что Сатурн в Рыбах указывает на строительство форм над или под водой, или на господство над водой, например, трубопроводов, акведуков, портов. Но он также может указывать на разрушение этих сооружений из-за ураганов или хрупкости конструкции.

Архетип Рыб противоречит Сатурну. Он олицетворяет утопию, творчество, духовность и эзотерику, а также мечты, иллюзии, ложь и эскапизм. Он символизирует стремление течь подобно морю, разрушая границы и ограничения.

Последний транзит Сатурна в Рыбах проходил с мая 1993 года по апрель 1996 года. На этом этапе проявились результаты распада Советского Союза в 1989 году, который вызвал последствия во всем мире и разрушил российскую экономику. В 1994 году Россия развязала первую чеченскую войну, которая продолжалась до 1996 года.

Международный уголовный трибунал по бывшей Югославии был создан в Гааге в мае 1993 года для судебного преследования военных преступлений, совершенных во время югославских войн в начале 1990-х годов.

 С другой стороны, боснийская война между хорватами, боснийцами и сербами сопровождалась жестокостями и этническими чистками, различными казнями. Война закончилась в 1995 году, и большинство командиров боснийских сербов были осуждены за геноцид и преступления против человечности. В 1994 году начался геноцид в Руанде, когда банды хату убили более 700 тыс. тутси, а в ходе резни, окончательно завершившейся в июле, было изнасиловано несметное количество женщин. Кризис разоружения Ирака после окончания первой войны в Персидском заливе бушевал с большим шумом и отсутствием доверия между его участниками. Секта в Швейцарии под названием "Орден Солнечного Храма" совершила ряд преступлений и массовых самоубийств, а здесь, в США, Тимоти Маквей убил 168 человек во время взрыва в Оклахома-Сити.

Именно во время этого транзита Сатурна по Рыбам Од. Симпсон был арестован за убийство своей бывшей жены и бойфренда и освобожден после длительного судебного процесса, который был весьма эффектным в голливудском стиле.

 В Лондоне Фред Уэст и его жена Роуз были заключены в тюрьму после того, как на их заднем дворе были обнаружены тела многочисленных жертв убийств.

В ЮАР прошли первые многорасовые выборы, президентом страны был избран Нельсон

Мандела, который впоследствии отменил смертную казнь в этой стране. Россия и Китай подписали соглашение о прекращении провоцирования друг друга своими ядерными устройствами, а Договор о нераспространении ядерного оружия был бесконечно усилен 170 странами. В Австралии была достигнута договоренность о выплате компенсации коренному населению, выселенному во время ядерных испытаний в 1950-1960-е годы.

Среди других событий во время транзита Сатурна в Рыбах - религиозные течения, идеологические движения, такие как социализм и левизна, передача болезней и инфекций, деструктивное поведение, вызванное паникой, рост употребления наркотиков и развитие всех видов искусства, а также средств морского транспорта.

Сатурн в Рыбах будет следить за тем, чтобы мы не могли использовать духовность или страх, чтобы избежать определенных конфликтов, с которыми нам придется столкнуться. Мы можем медитировать, уехать на сто лет в Тибет, использовать самые мощные мантры во Вселенной, но в какой-то момент мы должны действовать.

В последние несколько лет, когда Сатурн проходил транзит по Водолею, возникла необходимость сосредоточиться на индивидуальности и быть более искренними, а не терпеть принуждение со стороны окружающих. Хотя Водолей - знак, известный тем, что танцует под свою дудку, Сатурн, связанный с ограничениями, подталкивает нас к тому, чтобы остаться наедине с собой (вспомните ограничения во время пандемии) и посмотреть, куда мы можем себя поместить, чтобы создать здоровые границы.

Все эти уроки подготовили нас к тому, что нас ожидает с Сатурном в Рыбах. Мы начнем более осмысленно подходить к вопросу о том, как привнести духовность в нашу повседневную жизнь, сохраняя при этом понимание того, как следует себя структурировать. Многие люди откажутся от религий и догм или поставят их под сомнение.

Конечно, есть много тех, кому этот период не понравится, среди них - религиоведы и те, кто пропагандирует теории заговора. Мы увидим конфликты между людьми, исповедующими разные религии, и множество тенденций, направленных на то, чтобы доминировать над тем, во что верят другие.

Мы должны принять тот факт, что, если другие не согласны с нашими убеждениями, это не значит, что они не правы. Это просто указывает на то, что их взгляды отличаются, ведь в итоге Рыбы выступают за всеохватность. То, чего нам не хватает.

Поскольку Рыбы и Нептун управляют бизнесом развлечений, крупные студии и звукозаписывающие компании закроются, и многие артисты, имевшие отношение к этим студиям, решат создать свои собственные. Если Вы являетесь художником, то в Ваших интересах использовать свой труд с пользой для себя, а не позволять крупным компаниям, стоящим у вершины, наслаждаться дивидендами.

Снизится интерес к спецэффектам и усилится ориентация на самодостаточные фильмы и темы, отражающие повседневность. Мы будем ценить окружающую нас красоту и меньше ориентироваться на гламур.

Карма часто воспринимается как нечто злое, но если вы вели себя хорошо, то не так уж и плохо пожинать то, что посеяли. Работа с кармическим и подсознательным багажом, осознание прошлого и готовность отпустить его - решающий фактор для управления этим транзитом и успешного выхода из него.

Если вы уклонитесь от этого, Сатурн накажет вас, но, если вы примете это, вы придете в место, которое предопределено для чего-то великого.

*Положение Сатурна в нашей натальной карте указывает на то, где мы вынуждены взять под контроль реальность и принять на себя большую ответственность. Рыбы - последний знак Зодиака, поэтому движение Сатурна здесь также указывает на завершение или точку окончания гораздо более масштабного цикла.*

*Рыбы - водный знак, олицетворяющий свет, тьму и невидимые миры. Он известен своими абстрактными идеями и творчеством. Рыбы - мотобольный знак, что означает, что он адаптируется и открыт для энергий окружающего мира. Сатурн - очень твердая энергия. Он управляет законом, ответственностью и ограничениями, и его энергия иногда может быть похожа на сигнал тревоги, возвращающий нас к реальности, и заставляющий столкнуться с последствиями своих действий.*

*Присутствие Сатурна в Рыбах может показаться несколько тяжелым из-за всего этого, так как обычно водная, интуитивная и чувствительная энергия Рыб будет вынуждена стать более сдержанной.*

*Чтобы лучше понять это, можно рассуждать так: если Рыбы — это плавно текущая вода, то присутствие Сатурна будет создавать плотины, и эти плотины могут направлять воду в* продуктивное и полезное русло, но могут также ощущаться как угнетающие или контролирующие. Однако существует способ создать баланс между этими двумя энергиями, поскольку творческие, неосязаемые и внешние идеи, свойственные энергии Рыб, могут укорениться благодаря Сатурну.

Сатурн обладает практической энергией, поэтому, если соединить его с творческим потенциалом Рыб, можно достичь баланса, который поможет нам воплотить наши творческие идеи в жизнь или даже превратить их в бизнес.

Рыбы также связаны с религией и духовностью, поэтому под влиянием Сатурна может возникнуть множество вопросов о религии и духовности и о том, как они связаны с правилами, управляющими обществом; духовная индустрия также может получить импульс к развитию под влиянием этой энергии, или на личном уровне изменится Ваше собственное отношение и убеждения относительно Ваших духовных или религиозных связей.

На самом деле Сатурн хочет, чтобы мы сделали шаг вперед, взяли на себя ответственность за свою жизнь и действовали в соответствии со своим подлинным "я". Сатурн может наложить ограничения, которые заставят нас почувствовать себя в ловушке или подавленными, но это только для того, чтобы мы могли найти время для того, чтобы понять, чего мы действительно хотим и что готовы отстаивать.

Ниже вы можете прочитать обобщенную информацию о том, что принесет транзит Сатурна в Рыбах для вашего знака Зодиака. Если Вы хотите получить больше пользы от этой информации, я рекомендую Вам прочитать ту, которая предназначена для Вашего знака Асцендент, если он Вам известен, а затем смешать интерпретации.

Другой способ получить дополнительную информацию об этом мощном планетарном транзите - вспомнить темы, которые развивались в вашей жизни в последний раз, когда Сатурн находился в Рыбах, то есть с 1994 по 1996 год, чтобы получить дополнительную информацию о том, что может принести вам этот цикл.

### *Как это отразится на знаке Козерога?*

*Сатурн в Рыбах активизирует вашу горловую чакру и способ самовыражения. Вы очень глубокая душа, и большая часть вашей мудрости исходит изнутри.*

*Эта мудрость - то, что вы склонны хранить и держать близко к сердцу, но под влиянием этой энергии вы узнаете, как и когда делиться тем, что вы нашли.*

*Вы научитесь брать тот источник знаний, который течет внутри вас, и делиться им с миром.*

*По мере прохождения этого процесса вы можете обнаружить, что поначалу не знаете, как выразить свое мнение. Вы можете почувствовать себя неспособным говорить или неспособным действительно поделиться с окружающими тем, чего вы хотите.*

*Если такое чувство возникает, помните, что это признак того, что вам необходимо обратиться внутрь себя и лучше соединиться со своими истинными чувствами. Вам нужно быть более уверенным в себе, все более и более уверенным в своих силах.*

*Вам необходимо укрепить свою уверенность, и через это вы научитесь находить свой голос. Иногда лучший способ практиковаться в утверждении и делиться своей мудростью с другими — это просто делать это и смотреть, что получится.*

*Так что такую тактику можно попробовать, но с учетом того, что рядом находится Сатурн, скорее всего, вы добьетесь большего прогресса, делая медленные, вдумчивые, методичные шаги.*

*Коммуникация — это большая тема, она может охватывать и то, как вы разговариваете с другими, и то, как вы разговариваете с самим собой, и то, как вы общаетесь с другими людьми и окружающим миром, и то, как вы представляете себя миру.*

*Общение - один из самых сложных навыков, который необходимо развивать. У каждого из нас свой стиль общения, свой взгляд на мир, но научиться быть более вдумчивым коммуникатором — это то, на что вас вдохновит Сатурн в Рыбах.*

*Сатурн - ваша правящая планета, поэтому вы всегда будете сильно ощущать его движение, но вы уже очень привыкли к его энергии. Это означает, что Вы уже хорошо учитесь и знаете, как с ней обращаться.*

*Сатурн хочет, чтобы мы взяли на себя ответственность за происходящее, чтобы мы смотрели на вещи с более приземленной и практической точки зрения, чтобы мы сосредоточились на черном и белом, чтобы принять логическое решение.*

*Все это в значительной степени соответствует энергии и мотивам Сатурна, однако, когда дело касается общения, оно не всегда черно-белое, в нем много серых оттенков, и это также то, на что вы учитесь ориентироваться.*

*У каждого будет свое мнение и своя версия событий, у каждого будут свои чувства, которые также будут влиять на его восприятие.*

*Нельзя заставить людей видеть мир так, как видите его вы, или слышать истинное и чистое намерение в каждом вашем слове.*

*У людей будет своя точка зрения, которая покажется им очень реальной, даже если она не покажется реальной вам. Именно здесь и начинается обучение. Хотя этот пример является буквальным, вы можете обнаружить, что ваш путь немного более тонкий.*

*Это могут быть мелочи; возможно, вы заметите влияние Сатурна в своей горловой чакре или энергетических центрах.*

*Но, несмотря ни на что, к тому времени, когда Сатурн закончит движение по знаку Рыб, вы станете лучшим, более вдумчивым коммуникатором и будете гораздо увереннее в себе, когда нужно будет поделиться своим мнением с другими, с самим собой и с окружающим миром.*

*Высказывание своего мнения поможет вам почувствовать себя увереннее и выделиться из толпы, поможет добиться успеха на работе и занять руководящую должность.*

*Существует множество способов проявления этой энергии в вашей жизни.*

*Поэтому, если вы обнаружите, что у вас заплетается язык, если вы почувствуете, что вам трудно выразить себя или что вас никто не понимает, осознайте, что вы находитесь в работе Сатурна, осознайте, что вы проходите через великий жизненный урок и находитесь именно там, где вам нужно быть.*

*Сатурн иногда усиливает чувство одиночества или уединения, вы можете чувствовать себя изолированным от мира под этим транзитом, но эта пауза, это время одиночества просто необходимо для того, чтобы помочь вам открыть себя.*

*Сатурн хочет, чтобы вы сделали шаг вперед и взяли на себя ответственность за свою жизнь и за то, чего вы хотите, но сначала вам нужно понять, чего вы хотите.*

*Прохождение Сатурна по знаку Рыб займет два года, а Сатурн любит не торопиться. Сатурн предпочитает не большие смелые шаги, а маленькие шаги, над которыми можно работать и строить постепенно, день за днем.*

*Это будет медленная, методичная работа, но вы добьетесь своего.*

*Вы придете к концу этого путешествия и окажетесь на другой стороне гораздо более зрелыми, чем прежде. Сатурн является управителем нашего душевного договора и хочет убедиться, что мы живем в соответствии с нашим душевным планом.*

*Все, что проявляется под влиянием Сатурна, просто приближает нас к жизни ближе к духу и ближе к тому, что наша душа хотела сделать за время своего пребывания здесь.*

*Сатурн в Рыбах, работающий над общением, поначалу может показаться немного странным, но это то, что вам нужно в данный момент, чтобы все ближе и ближе подвести вас к вашему душевному договору.*

Под влиянием Сатурна в Рыбах будьте осторожны в своих высказываниях, верны своему слову и несите ответственность за все, что вы сказали и чем поделились с другими. Наши устные и письменные слова обладают огромной силой, и Сатурн заботится о том, чтобы мы несли ответственность за них.

Если мы рассказали о чем-то неприятном, нам, возможно, придется сгладить свою вину или посмотреть в глаза написанным словам, если же мы поделились блестящей и прекрасной мудростью, мы можем обнаружить, что на нас заключили контракт на издание книги или что большее число людей захотят прочитать и последовать нашему примеру.

Это может проявляться по-разному, но помните, что ваши коммуникативные навыки - мощный инструмент, который поможет вам достичь следующего этапа вашего пути.

Если вы работаете в какой-либо коммуникативной сфере, то это также является позитивным предзнаменованием того, что вы переходите на более сильную и влиятельную позицию в том, что вы делаете.

Доверяйте процессу и не забывайте, что, когда Сатурн закончится в Рыбах, ваша горловая чакра засияет.

## *Дружба с астрологической точки зрения*

*Дружба - одна из самых прекрасных человеческих связей, друг — это приют в наших горестях, с которым мы разделяем минуты радости.*

*Одни дружеские отношения зарождаются мгновенно, а другим требуются годы, чтобы укрепиться. Они строятся на взаимности и преданности.*

*Найти настоящего друга в наше время довольно сложно, ведь мы живем в обществе, где почти каждый стремится извлечь из чего-то выгоду, поэтому, когда мы находим такого друга, мы цепляемся за него.*

*Важно помнить, что каждый человек, который встречается на нашем пути, будь то хороший или плохой, преподносит нам важный урок, который мы должны усвоить.*

*Когда речь заходит о дружбе, астрологии, как всегда, есть что сказать. Мы не все придаем дружбе одинаковое значение в нашей жизни, и мы не одинаково привязываемся к своим друзьям.*

***Овен -*** *очень дающий и спонтанный знак. Это тот самый друг, с которым не страшно ни в хорошие, ни в плохие времена. С ними вы переживаете приключения и сумасшедшие дни.*

*Иногда Овны позволяют своему темпераменту омрачать их истинные качества, но в итоге это люди, которым можно доверять. Весы и Водолей - лучшие союзники Овна.*

***Тельцы -*** *самые упрямые друзья, но самые надежные. Дружба Тельцов преодолевает любые неудачи и преодолевает барьеры времени. Это преданные, верные, постоянные друзья и хорошие советчики. Иногда бывают собственниками и ревнивцами. Лучшие союзники Тельцов - Козерог и Рак.*

***Близнецы*** *очень веселы и всегда имеют много друзей. Он немного непоследователен и болтлив, поэтому ненадежен. С ними нужно плыть по течению и приспосабливаться к их разностороннему поведению. Дружба Близнецов должна быть интеллектуальной, поэтому лучшими союзниками для них являются Весы и Лев.*

***У Раков*** *очень маленький круг друзей, потому что они боятся открыться другим. Это очень сентиментальные, щедрые и заботливые друзья. Они всегда готовы предложить вам свое плечо, чтобы успокоить ваши страдания. Если вы их друг, то вы часть их семьи. Лучшими союзниками Рака являются Дева и Рыбы.*

***Лев -*** *харизматичный, веселый и теплый человек. Он очень предан и жертвует собой ради своих друзей. Благодаря своей магнетической ауре они притягивают к себе множество друзей. Им доставляет огромное удовольствие делать одолжения, отдавать, не ожидая ничего взамен. Однако дух соперничества и эгоцентризм - их ахиллесова пята, им нужны скромные и терпеливые друзья. Их лучшие союзники - Козероги и Стрельцы.*

***Дева***, *совершенство распространяется и на эту область. Они требовательны и избирательны. Они не обращают внимания на свои личные проблемы, чтобы протянуть руку помощи своим друзьям. Они приветливы и сдержанны. Иногда они любят замкнуться в своем собственном мире и никого туда не пускать. Лучшие союзники Девы - Рак и Скорпион.*

***Весы*** *гармоничны, безмятежны и спокойны. Они умеют веселиться с друзьями, любят жить в окружении друзей и благодаря дипломатическим способностям умеют решать проблемы своих друзей. Когда они завязывают дружбу, она искренняя. Лучшие союзники Весов - Стрелец и Водолей.*

***Скорпион***, *их отношение к жизни благородно и прямолинейно. Ревнивый и собственнический по отношению к своим друзьям, Скорпион среди* *ваших друзей — это синоним абсолютной поддержки. Скорпион - один из самых верных друзей, которых можно встретить в жизни, очень хороший советчик. Лучшие союзники Скорпиона - Дева и Козерог.*

***Стрелец****, иметь друга этого знака - все равно что обладать удачей. Их дружба - одна из самых искренних, чистых и благородных среди всех знаков Зодиака. Стрелец идет ради своих друзей на все. Они обладают способностью к многочисленным дружеским связям, умеют решать проблемы, оберегают. Лучшие союзники - Весы и Близнецы.*

***Козерогам*** *нелегко найти друзей, поскольку они очень осмотрительны и осторожны. Они стремятся к дружбе, которая длится долго, поскольку знают, насколько значимы эти связи в жизни. Когда им удается установить связь, они верны. Им нравится, когда к ним прислушиваются и не игнорируют их советы. Его лучшие союзники - Тельцы и Девы.*

***Водолей*** *- идеальный друг, уважающий личную жизнь своих друзей и сдержанный. Они очень щедры с теми, кого действительно ценят. Но они не терпят, когда кто-то пытается помешать их свободе, потому что они очень независимы. Друг Водолея — это настоящее сокровище, о котором нужно заботиться, потому что он всегда будет* отдавать все лучшее, не требуя ничего взамен. Их лучшие союзники - Весы и Овны.

**Рыбы**, мир, который излучает этот знак, как магнит притягивает друзей. Это милые и верные люди, поэтому они порождают ни с чем не сравнимую эмпатию. Они искренни и выражают себя с душой, но требуют от других взаимности. Им необходимо побыть в одиночестве и поразмышлять, поэтому вполне вероятно, что они не так много времени проводят с друзьями. Их лучшие союзники - Тельцы и Скорпионы.

## *Помощь Вселенной в выборе профессии*

*Мы — это то, что мы делаем, работа отнимает у нас больше времени, чем любая другая деятельность, и практически все действия в нашей жизни связаны с работой.*

*Наш социальный статус в большей степени определяется нашей работой и положением в ней, чем чем-либо еще. Чем вы зарабатываете на жизнь, какова ваша профессия — это вопросы, которые следуют после: Как Вас зовут? Ответ на этот вопрос почти энциклопедичен, поскольку характеризует ваше образование, ваш доход, уровень общения, ваши политические и даже духовные пристрастия, ваше воображение, образ мышления и т. д.*

*По сути, это вопрос, определяющий начало отношений, который мы бы перевели следующим образом: Какими ресурсами вы обладаете, чтобы принести мне пользу?*

*В современной культуре существует и предлагается практически бесконечное, но в то же время запутанное разнообразие профессий. Чтобы помочь выбрать из этого многообразия, существует профессиональная астрология - важнейшая специализация и услуга в нашей* области, причем чаще всего клиентов волнуют вопросы любви и работы.

*Профессиональная карта — это планетарная карта, используемая исключительно для ответа на вопросы, связанные с профессиональной деятельностью. Кто-то может задаться вопросом, чем она отличается от тестирования способностей и про консультирования, но поверьте, это очень важно.*

*Профессиональный тест может определить, что вы будете идеальным инженером-строителем, но он не может предсказать ни ваш успех в этой области, ни ваш финансовый потенциал, ни эмоциональное благополучие в этой профессии. Что делать, если такая профессия, как инженер-строитель, опасна для вас, поскольку у вас есть предрасположенность к гибели от падения — это может произойти при осмотре крыши, моста или любого другого сооружения.*

*Тест на определение способностей не может этого предсказать, а вот профессиональная карта рождения - может.*

*Не менее верно и то, что у некоторых нет проблем с выбором профессии, и при анализе их гороскопа это очевидно; но, как это бывает во всех случаях, у них могут возникнуть проблемы, связанные с этой работой, поскольку невозможно* быть "мастером" во всех навыках, необходимых для того, чем они занимаются.

Психологическое состояние человека влияет на все, что связано с его профессией или призванием, например, человек, склонный к спорам и угрозам, может использовать эти качества в "профсоюзной" работе, отстаивая интересы и права работников.

А теперь представьте себе этого же человека в роли учителя детей-подростков.

Многие люди несчастливы на своей работе, потому что не реализуют свои мечты, потенциал и таланты. Никто не подсказал им, как проявить свои способности, не объяснил, что есть разница между профессией, призванием и работой.

Возраст клиента, его жизненный опыт имеют ключевое значение, потому что, когда мы становимся взрослыми, на нас могут влиять такие сферы, как брак и дети. Именно по этой причине иногда можно встретить людей, уделяющих больше внимания хобби, чем работе, - во многих случаях наши таланты скрыты в этих развлечениях.

Очень часто встречаются успешные люди, которые несчастны в своей блестящей карьере, потому что их темперамент несовместим с этой профессией.

*Есть также люди, которые любят свою работу, но не добиваются успеха, здесь темпераментные факторы, такие как Луна, Солнце и Асцендент, совместимы с их работой, но планета, управляющая этой профессией, слаба по расположению или аспектам, что не позволяет им добиться желаемого успеха.*

*При определении призвания необходимо учитывать множество моментов, на самом деле их может быть несколько, но в целом можно сказать, что кардинальные знаки (Овен, Рак, Весы и Козерог) обладают организаторскими способностями, они инициаторы, поэтому стремятся иметь собственное дело, так как плохо подчиняются.*

*Исключением здесь будет рак.*

*Фиксированные знаки (Телец, Лев, Скорпион и Водолей) умеют управлять ресурсами или людьми, они доводят до конца то, что начинают другие, однако им не следует работать на должностях, где требуется гибкость.*

*Исключением здесь может быть только Водолей, который немного непредсказуем и эксцентричен, его индивидуальность необходимо учитывать.*

*Мотобольные знаки (Близнецы, Дева, Стрелец и Рыбы) способны выдерживать невероятное количество эмоциональных нагрузок без ущерба* для себя. Благодаря своей подвижности и гибкости они способны решать невероятное количество задач.

 Исключение здесь составляет Дева, она должна анализироваться индивидуально.

Профессиональное письмо всегда свидетельствует о наших талантах, умении зарабатывать деньги, а главное - о стремлении к успеху.

### *Пока деньги не разлучат нас!*

*Уравновесить любовь и деньги очень сложно, доказано, что после периода, когда все радужно, появляются экономические неувязки.*

*Общение имеет первостепенное значение в любых отношениях, но тема денег очень деликатна, и по этой причине многие избегают ее.*

*Технологии усугубили финансовые проблемы; конфликты между супружескими парами на почве денег участились, поскольку деньги стали в какой-то степени нематериальными.*

*Виртуальные транзакции и другие процедуры, пришедшие на смену наличным деньгам, вызывают большие сложности, так как контролировать и отслеживать финансовые операции становится сложнее.*

*Семейные финансы - одна из основных составляющих отношений, и если они нездоровы, то в итоге наносят ущерб союзу.*

*Деньги вызывают столько конфликтов, что после неверности они являются второй основной причиной развода или расставания.*

*У всех нас разное воспитание и обычаи, и, вступая в брак, мы объединяем их с обычаями другого человека. Неравенство нашего образования не* означает, что обычаи одного человека плохие, а другого хорошие, они просто разные, мы должны их понять, оценить и решить, какие из них подходят для отношений.

Стереотипы, социальное давление и стремление к культуре равенства заставили супружеские пары изменить свое отношение к экономическому бюджету.

Сегодня очень трудно найти пару, в которой один из партнеров не выдавал бы новую покупку за старую, не говорил, что купил что-то со скидкой, когда это не соответствует действительности, не снимал деньги с накопительных счетов, не сообщая об этом, не имел тайных счетов или скрытых денег, не врал о долгах, не тратил деньги на детей, не сообщая об этом партнеру, и т. д.

Очень распространенной и непонятной для меня практикой является разделение финансов. Если мы вступаем в брак, то это происходит потому, что мы хотим иметь единство, разделяя его, мы создаем симбиоз между двумя людьми, который гораздо эффективнее, чем чистая сумма частей; если мы разделяем финансы или возлагаем экономическую ответственность на одного из членов пары, то мы создаем разделение.

В бесчисленных браках возникают сложности, когда деньги становятся дороже отношений.

*Когда вы держите деньги отдельно, вы, по сути, сообщаете своей лучшей половине, что не доверяете ей, а где нет ясности и уверенности, там нет и будущего.*

*С астрологической точки зрения, к самым неверным в финансовом отношении знакам зодиака относятся Овны; Овны имеют серьезные проблемы с управлением своими финансами, а поскольку они считают, что деньги созданы для того, чтобы их тратить, то скрывают от своих партнеров многие экономические операции.*

*Весы любят жить не по средствам, когда они видят что-то, что им нравится, они не задумываются, покупают это, даже если у них нет ни гроша, и прячут в багажнике машины, а если их узнают, они говорят, что это было у них до свадьбы!*

*Рак известен своей неспособностью избегать соблазнов, а пары с компонентом Девы, при всех их аналитических способностях, являются одними из тех, у кого больше всего банковских овердрафтов.*

*Наиболее прагматичными, дисциплинированными и честными в финансовых вопросах в этой паре являются Козерог и Рыбы.*

*Когда мы живем вместе с другим человеком, мы должны найти наилучший способ распоряжаться деньгами, вовремя сообщать о договоренностях и разногласиях, поскольку обиды и замечания ничего не решают.*

*Авторитет и подчинение порождают асимметричные отношения, основанные на неравенстве, в частности, когда власть осуществляется с помощью денег.*

# *Библиография*

*Часть информации взята из книг, изданных авторами: Любовь для всех сердец, Деньги для всех карманов и Гороскоп на 2022 и 2024 годы.*

*Статьи, написанные в газете Nuevo Herald одним из авторов.*

## *Об авторах*

*Помимо астрологических знаний, Алина А. Руби имеет богатое профессиональное образование: она имеет сертификаты по психологии, гипнозу, Рейки, биоэнергетическому целительству кристаллами, ангельскому целительству, толкованию снов, а также является духовным инструктором. Руби обладает знаниями в области геммологи, которые она использует для программирования камней или минералов и превращения их в мощные амулеты или талисманы защиты.*

*Руби обладает практическим характером, ориентированным на результат, что позволило ей иметь особое, интегративное видение нескольких миров, способствующее решению конкретных проблем. Алина пишет ежемесячные гороскопы для сайта Американской ассоциации астрологов; их можно прочитать на сайте www.astrologers.com. В настоящее время она ведет еженедельную колонку в газете El Nuevo Herald на духовные темы, которая выходит каждое воскресенье в* цифровом виде и по понедельникам в печатном. Также ведет программу и еженедельный Гороскоп на YouTube-канале этой газеты. Ее астрологический ежегодник ежегодно публикуется в газете "Diario Lis Américas" под рубрикой Rubi Astrologa.

Руби написала несколько статей по астрологии для ежемесячного издания "Today's Astrologer", вела занятия по астрологии, Таро, чтению по ладони, исцелению кристаллами и эзотерике. На ее канале в YouTube еженедельно выходят видеоролики на эзотерические темы: Rubi Astrologa. Она вела собственное астрологическое шоу, которое ежедневно транслировалось на канале Flamingo T.V., давала интервью нескольким теле- и радиопрограммам, ежегодно выпускает "Астрологический ежегодник" с гороскопом по знакам и другими интересными мистическими темами.

Она является автором нескольких книг, среди которых "Рис и бобы для души", часть I, II и III, сборник эзотерических статей, изданный на английском, испанском, французском, итальянском и португальском языках. Деньги для всех карманов", "Любовь для всех сердец", "Здоровье для всех тел", Астрологический ежегодник 2021, Гороскоп 2022, 2023, 2024, Ритуалы и заклинания для успеха в 2022, 2023, Заклинания и секреты, Астрологические классы, Ритуалы 2024,

*Китайский гороскоп 2023 и 2024, изданные на пяти языках: Английский, Итальянский, Французский, Японский и Немецкий.*

*Руби прекрасно владеет английским и испанским языками, сочетая в своих выступлениях все свои таланты и знания. В настоящее время она проживает в Майами, штат Флорида.*

*Более подробную информацию можно получить на **сайте** www.esoterismomagia.com.*

*Алина А. Руби - дочь Алины Руби. В настоящее время она изучает психологию в Международном университете Флориды.*

*С детства интересовалась всеми метафизическими и эзотерическими темами, с четырех лет занималась астрологией и каббалой. Обладает знаниями в области Таро, Рейки и геммологи. Она является не только автором, но и редактором, вместе со своей сестрой Анжелиной А. Руби, всех книг, изданных ею и ее матерью.*

*За дополнительной информацией обращайтесь к ней по электронной почте: **rubiediciones29@gmail.com.***

www.ingramcontent.com/pod-product-compliance
Lightning Source LLC
Chambersburg PA
CBHW060156120726
48004CB00007B/1567